齋藤 薫
Kaoru Saito

"一生美人"力

人生の質が高まる108の気づき

朝日新聞出版

“一生美人”力

人生の質が高まる108の気づき

CONTENTS

How to age beautifully

How to age beautifully

装丁　金田一亜弥（金田一デザイン）
装画　大橋美由紀

美しく歳を重ねる上で、いちばん大切なことは、
〝若さ〟の代わりに何を増やすか？

How to age beautifully 1

「いつかやる」は、一生やらない。40を過ぎたら、すべて〝いつか〟は今！

「〝今度〟とお化けは出たことがなく、〝いつか、いつか〟は一生来ない」と思ってしまった方が人生絶対うまくいく、という話をしよう。

まず、「いつか着るから取っておく」「いつか使うから残しておく」……は、物がどんどん増えていき、家の中がどんどんよどんでいく最大の原因。確かに、整理する時、捨てる時、「いつか使うかも」と思うと、それが急に良いもの、魅力的なものに見えてくる。翌日になると、また魅力のないものに戻っているのに。服や物も、捨てられようとするのが分かるのだろうか。最後の力を振り絞って、自分を魅力的に見せるのだ。しかし騙されてはいけない。〝いつか〟はたぶん、二度とやってこないから。

同時に、いつかやりたい、いつか欲しい、そしていつか行きたい……そういう〝いつか〟も、多くが一生やってこない。「いつか始めたい」と思っているダンスは、気がつくと膝が痛んでいて始められなくなっていることはきっと少なくないし、「いつか住みたい」と思っている理想の家は、気がつけばローンが組めなくなっていることも少なくない。「いつか行きたい」と思っていた長期滞在の海外旅行も、気がつくと家庭の事情で長期に家を開けられなくなっていたりする。何かに邪魔されて、なんだか実現できなくなる〝いつか〟……。それ以上に、エネルギーを失って「ま、いいか」となることも。どちらにせよ、〝いつか〟はまずやってこないのだ。

だから、少なくとも40を過ぎたら、もう〝いつか〟は、と後回しにしない。〝いつか〟はまさに〝今〟と思うこと。家を買うみたいな大きなことこそ、今すぐ立ち上がらないと一生実現できないケースがたくさんあるからこそ、目標とか夢とかにしないで、とにかく今、挑んで欲しい。やり直しがきくうちに。

How to age beautifully 2

あなたの印象を決めるのは、ほとんど〝語尾〟。だから、語尾はそっと置く

「ダメかもしれない」「それ嫌いかもしれない」……「〜かもしれない」という表現が、日常会話の中で目立つのは、否定をやんわり緩めるための配慮に他ならない。「ダメ」「嫌い」と言い放てば、相手をキズつけるかもしれないその否定形を、語尾で曖昧《あいまい》にできること、みんなとうに気づいている。

ともかく、どんな語尾を使うかで、その人の印象が決まると言ってもいいほど、語尾は〝人格〟ともつながってしまう人間の〝要〟的な要素。「ですね」と言うか「だよね」と言うか、それがどれほどの違いをもたらすか、子供でも知っているけれど、同じ「ですね」でも声のトーン、言い方の抑揚《よくよう》、歯切れに、息の

混じり方……と、「ですね」のわずか3音にも、すべてに違いが示せるからこそ、その人自身が表れる。それどころか語尾次第で大逆転が起きるほど。語尾だけに感情が入り、語尾だけが相手の耳にずっと残るからである。

どんな肯定でも語尾をぞんざいに投げつけるように言い放てば、180度引っくり返って否定に聞こえる上に、皮肉で傲慢な女の印象を残してしまうし、逆にどんな手ひどい否定も、語尾をやわらかく、優しく穏やかに言うだけで、肯定に思えてしまうほど。おまけに穏やかで知的な女の印象さえ残せるのだ。さらに言えば、語尾を乱暴に扱ってガサツに見えたら、老けても見えて損。

だからこそ、語尾をとりわけ美しく丁寧に、優しく言う女になりたい。ちょうど大切な人に贈り物を差し出すように、またテーブルの上にそっと置くように、語尾を言う。それだけで、どんな意見でも人を説得できる。〝美しい人格〟の持ち主になれる。

How to
age beautifully
3

なぜ〝捨てられる人〟が美しいか。捨てると命が洗われて、ちゃんと生きるエネルギーが増えるから

〝整理〟がにわかに脚光を浴びている。〝人生をあらかじめ整理するように、たまった荷物を整理し処分しておくこと〟が。

数年前、叔父夫婦も家の中の荷物を3分の1くらいにして、〝生き返った〟と言った。その時、〝物の処分〟は〝人生の整理〟である以前に、命を浄化する、〝人生再生〟のテクニックだったことをあらためて思い知らされたもの。

衣装もちの叔母が、クローゼットがガラガラになるまで大胆に服を捨てたというのも驚いたが、その時の感動を本当に嬉しそうに語る姿にも、目が覚める想いだった。あえて〝必要なアイテムも一緒に捨ててしまった〟から、あらためて新

しい上等な服を吟味《ぎんみ》して吟味して買う。それが命を洗って新しくするような手応えをもたらしたのだろう。〝捨てる行為〟の意外な効用だ。

古い服を捨てて、また新しい服を少しだけ買う……年齢を重ねると考えもしなくなるクローゼットの一新。女が服を捨てるのは、ただ捨てるだけじゃ終わらない。捨てるとまた美しく生きようとする新しいエネルギーが生まれるのである。

そもそも人は、生きている環境をなぞるように生きている。美しい環境にあれば美しくあろうとする。乱れた環境にあればだらしなくなる。壁の落書きを消すと犯罪が減るのと同じ。だからきれいに片付いた部屋に暮らすと、人間はだんだん端正になっていくのだ。

そんなことは重々承知なのに、人は歳をとるほどに物を増やしてしまうから、散らかして片付けて、また散らかして、をひたすら繰り返してしまう。だから一気に物を捨てると重大な法則を思い出すのだ。「物が少なければ散らからない」って……。

収納量に対して物が多すぎると、どうしたって部屋は散らかる。いや、収納量に40％くらいのゆとりがあって初めて、人はモデルルームやインテリア雑誌のような生活が送れるのだ。その当たり前のことに、物を捨ててようやく気付くのである。

ましてや、再びいたずらに物を増やすことへの重い警戒心もあるから、買い物がびっくりするほどていねいになる。捨てる心得として、〝いつか使うかも……と思ったものは、もう使わないから捨てる〟という提案があるけれど、買い物も〝どうしようかなと迷ったものは必要ないから買わない〟。〝ひと目で必要〟と確信したものだけで、人間贅沢に生きていけるから。

そうやって、一度命を洗ってみてはどうだろう。むしろもう一度、美しくなりたくなる。捨てるアンチエイジングは、蘇るアンチエイジングでもあるのだ。

How to age beautifully 4

あなたはいくつになっても、
将来を楽しみにできる人だろうか。
30代では40代を楽しみにし、
40代では50代を楽しみにできる……。
そして何より、老後を楽しみにできる……。
そういう人が本当の意味で、
良い人生を営めるのだと思う。
いつもいつも先行きが不安、
そういう人はやっぱり老化が早い。
将来を楽しみにできるかどうか、その差は言わば、
自分自身に対しての自信の差。
人に見せる自信じゃなく、
心の奥底に自信があるかどうか、
その差が若さを分けるのである。

〝2キロ痩せ〟こそ、キレイになったと人に言わせる秘訣

「なんだか急にキレイになったね」

そう言われる時、人はだいたい〝少し痩《や》せている〟。体重にして2キロほど。これが5キロだと「あ、ダイエットやったでしょ？」と指摘されるだけ。痩せるために痩せるのじゃなく、あくまでもキレイになるために痩せるのが、本当のダイエットなのに、女はここを間違えがちなのだ。

そこで〝2キロ痩せ〟。1キロ前後の変動はたぶん日常的にあるはずで、昨日食べ過ぎたから今日は少し抑えようという意識をもてば、1キロはすぐ減るが、2キロ痩せるのはそう簡単じゃない。何かを変えないと出せない数字。かと言っ

て〝何かを抜く〟のも〝何かだけ食べる〟のも、キレイを作れないまま、痩せては戻りを繰り返すことになるのだろう。もっと、当たりまえの食生活の中で、〝何かを変えること〟が鍵なのだ。

今日からできるのは、古典的だけれど、やっぱり揺るがぬ正解＝〝よく噛《か》むダイエット〟。血糖値をあげて早く満腹感をもたらすのはご存じの通りだが、噛むことで分泌《ぶんぴつ》されるヒスタミンがさらに食欲を抑制、内臓脂肪の分解を促し、体温をあげて代謝を高める働きも。必然的に間食が減り、便秘にもなりにくく、ストレスも減るからさらに食べ過ぎがなくなり、顔の筋肉も鍛えられるから小顔になる……と良いことずくめで、副作用もない。噛むべき回数は、ひと口30回から100回までと諸説あるが、最初は20回だって充分効果が得られるはずだ。アッという間に5〜6キロ減という人もいるが、それこそ2キロで充分。「キレイに痩せたね」という、最高の誉め言葉を得られるだろうから。

必然的に食事の時間が長くなり、それだけで日々の幸福感が少し増え、キレイが上乗せされることにもきっと気づくはず。

歩き方は、生き方。〝きれいに歩く〟は若く長く生きること。口角を上げて歩くと、背すじも伸びる

世界でたったひとり、自分の姿を見られないのは自分だけ……そういう言葉がある。もっと客観性をもちましょう、という提唱であるとともに、本当に人は自分を知らないという警告でもある。

とりわけ、ほとんど見たことがないのが〝自分が歩く姿〟。なのに皮肉にも、その歩き方こそが、けっこうな確率で人のイメージを決めてしまっている。イメージどまりじゃない。歩き方って、じつはもっともっとその人のいろんな側面を語ってしまうのだ。健康状態も、今の暮らしぶりも、センスの有無も、何となくだけれども、幸せな人生を生きているかどうかも……。歩き方には知らず知ら

ず、自分の心のうちまで描き出す妙なクセがついているものなのだ。

何より歩き方には年齢がもろに出る。ともすると肌以上に、若く見える人と老けて見える人の差が激しい。年齢がもたらした体型変化や体のゆがみなども、歩き方を大きく変えてしまうから、美しく歩く人はそれだけで同年代よりはるかに若く見えるし、逆に正しい歩き方が心身のエネルギーをつくり出す。つまり颯爽《さっそう》とした歩きで出勤すれば、一日中元気で仕事もテキパキ片付くし、軽い足取りで帰宅すれば無駄に疲れも出ないから、翌朝またすっきり目が覚める。毎日がくるくるスムーズに動き出す。身も心も晴れやかになり、生活にどんどん良いスパイラルができて、結果として若返る。見た目も中身も明らかに!

まずは〝モデル歩き〟の基本。頭のてっぺんから引っ張られるように背すじを伸ばして歩いてほしい。ヒザを曲げずに、つま先から先に出していくようなつもりで、すっすっと。口角を心もち上げるようにすると、もっと背すじが伸びるはず。それだけ心がけると、若さが体中をめぐり始め、きっと何もかもうまく行く。まさに、歩き方は、生き方。

How to age beautifully 7

幸せの死角、毎日の食事をもっとていねいに〝やり直す〟。10分で食べ終わらない工夫から

結婚とは〝3度のゴハン〟……そんな言い方がある。平日はゴハンの時しか向き合わず、休日は、朝、昼、晩と一日中ゴハンをしてる。そのゴハンを適当に済ませたら、結婚生活はなんとも貧しいものになり果てる。だから幸せの生命線もゴハンにあり、と考えたいのだ。

ともかく毎日の食事は、意識して大切にしないと、たちまちただの〝義務〟になってしまう。〝作らなきゃ〟〝食べなきゃ〟という……。いやたとえ想いを込めて、2時間かけてカレーを作っても、たった10分で食べ終わってしまう不条理も起こりうる。だから作る人も食べる人も、一人ひとりが食事をていねいに〝や

り直す〟べきなのだ。

そこでまずは10分で食べ終わらない工夫から始めたい。シャンパンやワインはまさに食事を長引かせるためのもの。もちろん、料理の品数も多いほど良いけれど、食卓にキャンドルや花を飾り、心地良い音楽を用意する。すべては会話を長引かせるための演出……。それだけで日常生活は根本から変わる。食事を楽しみにできるほどの幸せ、きっと他にないはずなのだ。

でももうひとつ、大切なことがある。〝和食〟が無形文化遺産になって、〝和食〟こそ「ていねいに食べることが幸せの基盤になる」ということに気づかされたのだ。和食はどんなにシンプルであっても、何だか有り難い。それを噛《か》みしめるように、ひと箸《はし》ひと箸を美しく運び、ひと口ひと口をゆったり味わうよう心がけると、不思議なことにそれだけで心が満たされる。一人の食卓でもできる〝幸せな食事〟。

ていねいに食べるだけで生き方が整う、そこに早く気づいてほしいのだ。人生の質は食事の質、そう言ってもいいほどなのだから。

How to age beautifully 8

赤の口紅さえアンチエイジングにする。〝老けない決め手〟は清潔感!!

ドレッサーの中には、ひょっとすると使いかけの1本がまだ残っていたりするのかもしれない。近ごろ、本当に久しぶりに赤の口紅が復活。担い手は、昔の赤のブームを知らない20代だけれども、街でちらほら見かけるようになれば、もう恐くない。臆せずに試してほしいのだ。久しぶりの赤は、まるで明かりを灯したように、〝女の顔〟をパッと明るく見せるはず。成功すれば驚くほど人を若返らせる魔法の口紅色。

でもその代わり、失敗も多い。ひどく危険な色でもある。じゃあその分かれ道はどこにあるのか？　これはずばり清潔感。赤を塗った日は、全身のすみずみにまで、清潔感が行きわたっていないといけない。肌も髪も目もとも服も。もちろん、口紅自体のわずかなにじみや輪郭《りんかく》の乱れも、清潔感を奪うから絶対に避けなければ。ともかく清潔感の有無が、赤を〝若返りの鍵〟にも〝老けの原因〟にもしてしまうということなのだ。

でもこれは、赤の口紅に限らない。人が歳をとることは、すなわち〝清潔感〟を失うこと。少女の頃は、みんな清潔感の塊だった。でも歳とともに全身のあちこちから清潔感が逃げていく。だから逆に女は歳をとるほどに、意識して清潔感を新しくつくっていくべきなのである。40代をすぎたら、美しさ＝清潔感、若さ＝清潔感、と考えて。オシャレからメイクまで、清潔感をテーマにしてみてほしいのだ。若さと美しさを両方手に入れる最大の決め手なのだから。

たとえば外出の前に鏡で必ずチェックする。今日の自分にはちゃんと清潔感があるかどうか。今日から毎日ひとつずつでもいい、新しい清潔感をつくって出かけたい。

How to age beautifully 9

悪口を言うと、女は老ける。だから、悪口を持ちかけられたら上手にかわす

気づいていただろうか。世の中、人の悪口を言う人と言わない人、ハッキリ2種類に分かれること。何よりも、〝悪口を言う人〟の方が〝言わない人〟よりも老けて見えること。10代の頃から、悪口を言うクラスメイトは当然同い年のはずなのに、何だか老けて見えていたはずだから。

これは理屈じゃない。〝悪口を言う人が老けて見える〟のは、おそらく見る側の感じ方で、言ってみれば肌と同じ。肌がくすんで透明感も輝きもなければ、それだけで10歳も20歳も老けて見えるのと同じで、心が濁《にご》ってくすんで見える人は、単純に心がピュアできれいな人より10歳20歳老けて見えても不思議じゃな

い。悪口を言うのは、心が疲弊《ひへい》している証拠なのだから。

しかも困ったことに、悪口はうつる。誰かが言い出すと簡単につられてしまう。ハッキリ言って悪口もまた〝蜜の味〟で、ともに誰かの悪口で盛り上がると、あたかもそれが〝友情〟であるかのように感じやすいから、人から人へみるみるうつっていきやすいのだ。できるなら、誰かの悪口を持ちかけられても、そこに乗ってていかない強い心を持っていたいもの。

ただ確かに〝悪口の誘い〟を断るのは難しい。「私はそうは思わない」と真っ向から反論すれば相手を怒らせ、自分だけイイ子になって、という具合に悪口の矛先《ほこさき》が自分に向かってきかねない。ではどうやってかわすか。その〝誰か〟のことにはあえて触れず、悪口を言っている人の気持ちをいたわること。「イヤな想いをしたのね」と。ただの嫉妬から生まれた一方的な悪口なら、一般論に置きかえて、「人間、幸せの数は決まっているから、〝彼女〟にだってきっといろいろあるはず」と、相手の心を癒やすことでかわしてほしいのだ。ともかくそんなふうに悪口を言わない人になる努力は、立派なアンチエイジング。

How to age beautifully 10

たとえば40代からは背伸びしてでも〝一生もの〟を買うべきなのは、自分も人生も整えていくため

「分不相応なほど、高価で上等なものを買おうとする時、「これは〝一生もの〟なんだから」と自分に言い聞かせて自らを鼓舞《こぶ》することがある。そういう少し強引な〝一生もの買い〟は是か非か？　と言うならズバリ大正解。それこそ死ぬまで大事にしなきゃと、家に持ち帰った瞬間から、心を込めてていねいに取り扱うようになり、おのずと〝物を大切にする心〟を育てていくからだ。

するとと生活そのものが少なからず整っていく。〝一生もの〟がクセになると、自分にとって必要なものと要らないものがハッキリと見えてきて、いつの間にやら持ち物が整理されていくのだ。たったひとつの〝一生もの〟が生き方を正して

くれるなんて、ステキなこと。加えて、精一杯〝背伸び〟して買った物も、心から〝一生もの〟と思えれば、必ずその高さまで自分を引っ張り上げてくれる。持ち物が人を成長させるってことが起こりうるのだ。

一方、化粧品のような消耗品も、絶えず進化していくものは別として、〝一生信じて使い続ける〟という意味での〝一生もの〟は探し出せるはずで、そういうものがいくつか見つかると、本当に無駄なものを買わなくなり、ブレがなくなるからむやみに悩まなくなる。それが気持ちのアンチエイジングともなるのだろう。自分がすべきこと、ひいては自分の長所や短所を教えてくれるはずだから。

そして極端な話、女友だちも一人ひとり〝一生もの〟として付き合うつもりになると、心が整い、人生が充実する。すぐ親しくなってもすぐモメて疎遠になるような人間関係を繰り返していくと、人生はどうしてもキレイにまとまらないし、薄っぺらくなるから、いい表情で歳をとれないはずなのだ。

そんなこんなで、たとえば40代。人生の折り返しからは、意識して〝一生もの〟を増やしていくべきなのである。

How to age beautifully 11

次に使う人のために洗面台を拭けるのは品性の美容、「日本の美容」

各国の学生に対するアンケートで、「自分に自信があるか?」の質問にノーの答えがいちばん多かったのが、日本の学生。でも「人の役に立ちたいか?」へのイエスがいちばん多かったのも日本。あらためて日本という国に生まれて良かったと思ったもの。

実際まわりにも、〝いつか人のためになることを何かしたい〟と言う人はたくさんいる。でも一方で、自分のことだけで精一杯、人生思うままにならないと、早くも挫折感を覚えている人もいる。だから思うのは、〝世のため人のため〟にもいろんなレベルがあること。誰もが大それたことをイメージするのだろうが、まずは〝見知らぬ人のため〟という奉仕の精神が自分の中にあるのかどうか、そこを自らに問いかけてみるべきではないかと思う。

たとえばパウダールームで自分の後にそこを使う〝見知らぬ人〟のために、洗面台に飛びちった水をていねいに拭いてから立ち去れるかどうか。とても基本的なマナーだけれど、単純にマナーだからではなく、見知らぬ人のため、と心から思えるのか。自分が使う前には自分のために水を拭けても、次に使う人のためには拭けないとしたら、既に〝世のため〟に反している。家ではちゃんとゴミを分別できても、一歩外へ出たらゴミの捨てかたがメチャクチャになる人は、もう〝世のため〟に反している。そこからやり直しても遅くはないのじゃないか。

人の美しさも、そういう意味での品性で決まると言ってもいい。品性は、道徳的に見た性格。誰も見ていないところでも、人のためになることを……それをいつも念頭に置いて生きると、きっと印象そのものがキレイに浄化されてくる……これを今〝日本の美容〟と定義したい。

How to age beautifully 12

自分を後ろ向きにさせない。それが〝朝早く起きる〟最大の効能である

朝型生活が、今ある種のブームになっている。きっかけは、言うまでもなく折からの健康志向。じつは私自身も、朝型に切り替えて十数年になるものの、〝きっかけ〟は少し違っていて、最初は単なる時差ボケだった。海外出張後、どうしても早朝に目が覚めてしまうから、思いきって起きてみただけ。ところがそこにありがたい発見が山ほどあったのだ。

まず、仕事を夜から朝に移しただけで、心の向きがまったく逆になることに気づく。夜中に仕事をしていると〝自分は世界一不幸な女〟と思うのに、同じことを早朝にやると〝自分は人の何倍も得している女〟と思えるのだ。夜書いた手紙

は表現が後ろ向きになっているから封《ふう》をせずに、朝もう一度読み直すこと……昔からそう言われる意味も痛感した。夜は心が閉じていくが、朝は心が開いていく。同じことも夜は〝後ろ向き〟に捉《とら》え、朝は〝前向き〟に捉えられる。まさに心の向きが180度変わるのである。

単純に、夜10時から朝4時までも6時間、朝4時から10時までも6時間。同じ6時間でも何だか重さがまるで違う。これもまた、夜中の6時間はひと晩を使い果たしてしまうイメージがあるのに、朝の6時間は一日の始まりに他ならず、一日を何とも有効に使っている印象があるから、ここでもまた得をする。

もちろん、早起きによるメリットは数えきれないほどたくさんあって、〝早起きは三文《さんもん》の徳〟も事実だけれど、三文どころじゃない。お通じが良くなって、痩《や》せる。朝のスキンケアもゆっくりできるから、化粧ののりがよくなる。単純に身支度をあわてないから、イライラせずストレスがたまらない。

そして朝早く起きた分だけ夜はすぐ眠くなり、ぼんやりTVなどを見ている時間をもてないから、時間のムダづかいがない。バタンキューで眠れるから、眠れぬ夜にわざわざ悩みを引っ張り出して悩むことがない。つまり自分に後ろ向きになる瞬間を与えないのだ。後ろ向きにさせないのが、朝型生活の最大の効能なのである。

もう一つ、人は夜明けとともに目を覚ますのが地球の住人としてもっとも自然な生き方。体の中には、地球の自転とともに時を刻む〝体内時計〟が動いているから、地球の営みに逆らわず生きるのが、大きな意味でのアンチエイジングになることも、どうか忘れないでいてほしい。

How to age beautifully

13

肌に水を感じさせる人、肌の中に水が
さらさら流れているように見える人、っているもの。
その〝水感〟こそ透明感の鍵。
そういう人は皆、水が好き。
水がそばにないと落ち着かない、
水をいつも持っていないと不安、
お風呂に一日2回入らないと
気が済まないという人……。
人間の体は70％が水。
人類の祖先は海に住んでいたし、
胎児も母親のお腹の中では羊水に包まれていた。
だから水を求めるのは人間の本能。
その本能が強い人ほど美しいのだ。
だから水を大好きになりたい！　人一倍！

How to age beautifully 14

人生を折り返したら、女は〝顔より髪〟。「髪型が顔になる」と気づくこと

80代になっても、すれ違う人を振り向かせるくらいに素敵な女性っているもので、〝素敵〟は年齢をまったく問わない。それは誰もが一生目指せるテーマであることを物語っている。じゃあ振り向かせる80代に絶対の共通点があるとしたら、それは何なのか。ずばり〝洗練された髪型〟である。

もちろん服の洗練もマストだけれど、人を振り返らせるエネルギーを放つのは、紛れもなく髪の方。見るからに手間のかかった髪には、それだけでオーラが宿る。しかも年齢を重ねるほどに、そういう髪のオーラは強くなる。本当に年々。

東洋でも西洋でも、昔は髪型の違いが地位を明快に示し、王冠みたいにその

〝高さ〟も身分の高さを示していた。その名残《なごり》なのだろうか？　手間のかかった髪型の完成度やトップの高さは、そっくり品格や知性や高級感に変わるのだ。それはキャリアを積むほどに、髪が経済的・精神的な豊かさを反映し、まさに人としての格を語り出すから。とりわけ女の髪は、人生の充実をも物語るようになるから。つまり〝高級な女〟に見える髪型を心がけるのは、もっとも正しい歳のとり方なのだ。

それはたぶん、肌が衰えた分だけ、顔立ちが老けた分だけ、髪の役割が大きくなるからで、髪型の端正さが老け感をそっくり補ってくれるようになる。トップの高さが、たるんで下がる肌を見た目にリフトアップしてくれる。歳をとると不思議にメイクが似合わなくなる分、髪のオシャレがメイクのように人を華やかに見せるのだ。

だから人生の後半は〝顔より髪〟と心得て、歳を一歳とるたびに、髪型にかける時間を意識的に増やしてほしい。メイクをするようにスタイリングして、髪に高級感を。一生素敵であるための絶対のカギである。

How to age beautifully 15

〝素敵〟は、真似で身につける。街で見つけた〝小物づかい〟をどんどん真似る

あれはもう20年以上も前のことなのに、銀座で見かけた女性の姿、今もハッキリ覚えている。その人は、ネイビーのすとんとしたワンピースに、ネイビーとグレーのストライプのロングスカーフをさらりとあしらって、颯爽《さっそう》と歩いていた。それだけなのに、「なんて素敵！」と目が釘《くぎ》づけになったもの。

どこの服かわからないし、その年のトレンドというわけでもない。難しそうなコーディネイトでもないのに「素敵！」と思わせる。とても簡単なことなのに、ひと目見た瞬間に人を魅了するオーラのようなものを放っていた。だからもう、そのままそっくり真似るしかないと考えてみたのだ。

そこで翌日、早速同じようなロングスカーフを探して、もともと持っていたネイビーのワンピースと合わせてみた。完全にパクリ。しかしまずは真似てみないと「素敵」は身につかないと思ったから。同じことをやってみないと洗練のつくり方もマスターできないと思ったから。

案の定、そっくり真似た素敵スタイルは、何度か「素敵！」と誉められた。なるほど、そうやって自分の中に「素敵」のレパートリーを増やしていけばいいのだと気づくのだ。それからは、街に出るたびに「素敵！」を探す。正直それほど頻繁に出会えるものじゃないが、要はその分だけインパクトも強く、目に焼きついて離れないわけで、これは絶対に自分の中に貯めていくべきと確信するのだ。それこそ20年間、その人の記憶が生き続けているほどなのだから。

ちなみに「素敵！」の多くは基本シンプルだが、〝小物づかい〟で洗練をつくっているケースがほとんど。洗練されたオシャレって、服そのものよりも、むしろ小物づかいでつくりあげるものなのだって教えられた。だから今日も「素敵！」の小物づかいを探しつつ、街を歩いているのである。

How to age beautifully 16

手の爪では清潔感を、足の爪ではエネルギーを、色にする。女は爪色通りの女になるから

ネイルサロンに月一で通うのが当たり前になって以降、攻めのネイルアートに挑む人も急増。でも今一度、ネイルの原点に戻ろうという提案も始まり、上品なミルキー色のネイルや、爪先だけ白いフレンチネイルが復活している。そしてこれは、とても正しい流れ。

ネイルの色も女の一部、そのまま第一印象になるのに加え、手はつねに自分の視界に入っているから、女は知らず知らず爪色通りの女になっている。手のしぐさから顔の表情までが、その日のネイル色のイメージを勝手に演じるのだ。乳白の爪は物静かな女、ピンクの爪はキュートな女というふうに。だからネイルはや

っぱり上品な色を。フレンチネイルが復活しているのも、爪の先が白いことで清潔感を強調できるから。女の爪の生命線も、ずばり清潔感なのである。指先が下品に見えたら、女は失格。身も心もだらしなく見えるから。

でもその分、派手な強い色は足の爪、ペディキュアに使ってほしい。ペディキュアも何かと視界に入ってきて自分に暗示をかけるが、足もとの色は立ちあがる力や歩き出す力、前に進む力を与えてくれる。生きるエネルギーを高めてくれる。それがペディキュアの効果。足の爪は、不思議に手の爪以上に生活感が丸見えになるから、ペディキュアを塗っておくこと自体、ちゃんと女でいるための鉄則。従って、いくつになってもペディキュアを欠かさないことが、アンチエイジングにもなるのである。

手の指には清潔感、足の指には力強さ……そういう塗り分けで、上品で女らしいのにエネルギッシュに力強く生きていく、理想の女ができあがる。ネイルによって自分をつくるのは、とても効率のいいアンチエイジングなのである。

How to age beautifully 17

自分のヨーグルトと出合うと、大げさでなく人生が変わる

ある意味いちばん簡単に〝幸せになれる方法〟は、腸をキレイにすることかもしれない。腸が健康だと、何だかいろんなことがうまくいくとは、よく言われることだが、確かにいつも元気でいつまでも若い、存在がキラキラしている人は、明らかに腸がキレイ。逆に腸の状態が悪くなると、きちんと栄養が吸収されず、きちんと毒素が排出されずに、心身のバランスも崩れてしまう。意外だけれども、血液の質を決めるのも腸なのだ。肌荒れが起こり、太りやすくもなる。悩みがあると腸にきて、逆に腸が悪いと心がふさぐという悪循環。〝腸のキレイが幸せのもと〟という仮説を立てても、決して大げさではないのである。

でも腸はきわめてデリケートで気まぐれ。ちょっとしたことでバランスを崩してしまう。整腸剤の力を借りる方法もあるけれど、もっと日常的に自然な形で整腸する習慣をもつべきなのだ。だから〝自分の腸に合ったヨーグルト〟を探し出して、毎日の朝食にすること。

ある人は30年続いた便秘がたったひとつのヨーグルトで解決し、本当に人生が変わったという。乳酸菌飲料も発酵乳も「効かなかった」という人は、まだ自分に合った菌と出合っていないだけ。いや菌の種類だけでなく、飲むのか食べるのか、低脂肪なのか、どのメーカーのどの製品なのか、それぞれ自分との〝相性〟がまるで違う。腸内バランスはそこまで繊細なのである。

一生ものとの出合いのためには、世の中の乳酸菌製品をすべて試してみてもいいくらい。それは〝運命の人〟を探し出すくらい、人生において重要な出合いになるかもしれないのだから。腸がいつも不調な人にとって、それは少しも大げさな話ではないのである。

How to
age beautifully
18

凛とした美人印象をつくるのは、むしろ首とアゴだった

たとえば電車の中でも、そこだけスポットライトが当たっているかのように、ひとりパッと目を惹《ひ》く人がいる。美しいからには違いないが、単に美形だからではなく、佇《たたず》まいの美しさそのものが目を惹くのだ。しかも立ち姿だけじゃない、座席に座って何かを読んでいる姿にさえ、スポットライトが当たる人っているものなのだ。一体なぜ？　言うまでもなく、そういう人は背すじがぴんと伸びている。でも、姿勢のいい人が全員そこまでの引力を持つわけではない。何かもっと別の理由があるはずと、ずっと思っていた。

その答えが見つかったのが、明らかにレッスンを終えて帰途につくバレリーナ

たちを見かけた時。もちろん姿勢も素晴らしくいいが、もっと目を惹いたのは、その人たちの首とアゴの美しさだった。前から見ても、横から見ても、アゴのラインがすっきりと引き締まっていて、しかも首すじが細く長い。ふと思い出したのは、女優の条件のひとつが、〝アゴ〟の下に握った手の甲がすっぽりおさまることで、下アゴがもったりしてしまったら、もう女優失格という話だった。

人目を惹くほどに美しく凛《りん》とした美人印象をもたらすのは、まさにその美しい首とアゴがつくる、しなやかにして研ぎ澄まされたシルエットなのだった。そこに、女らしさと品格と、人としての透明感、力強い生き方までが、すべて表れると言ってもいい。バレリーナはとても自然に、首とアゴが鍛えられていくのだろうが、だらしなく生きるとそれだけで、姿勢と同じように下アゴもゆるんでくるということなのだ。

さあ、あなたは下アゴが美しく引きしまっているだろうか。思い立ったらいつでもどこでも、下アゴの中央から耳もとまでを両方の親指でしごくようなマッサージを習慣にしてほしい。バレリーナの首とアゴを目指すため。

How to age beautifully 19

あなたは本当の〝癒やし〟を知らない。鼻と目と耳とに同時に働きかけてこその癒やし

〝癒やし〟は本当に人をキレイにするのか？　と言うなら、答えはもちろんＹＥＳ。しかし多くの人は、自分の癒やし方を知らない気がする。たとえば、〝いい香り〟を嗅ぐだけでそれを癒やしとするのは無理がある。五感のうち嗅覚《きゅうかく》だけに訴えかけても、人が癒やされるレベルまでは到達しない。

だから、目を閉じること。何より大切なのは集中力。五感を刺激するものに、ひたすら集中したいから、まず目を閉じたいのだ。そして、手のひらで頬を覆う。視覚を閉ざすことで嗅覚を研ぎ澄ませ、頬を手で覆うことで触覚にも働きかけるのだ。つまり、五感のうちひとつでも多くの感覚に同時に響かせるのが癒や

しの絶対条件なのである。

逆に言えば、香りつきのキャンドルは嗅覚と視覚の両方に訴えかけるから、人は癒やされる。ここに心地よい音楽と肌をなでる風があれば、その効果は何倍にも増幅《ぞうふく》するだろう。もともと癒やしの決め手は、香りやゆれる炎、音楽や風にもある〝1／fゆらぎ〟。安定と不安定の間にあるゆらぎが、ストレスをほどいて幸福感をもたらすのだから。

それを美しさにつなげたいなら、ぜひ日々のスキンケアで。香り高く美味《おい》しそうなほど感触のいい化粧品で、いい音楽を聴きながらお手入れする。ほとんど五感すべてに同時に働きかけるから、大きな1／fゆらぎ効果を得られるのだ。その時ぜひ、お手入れのためにヒーリング系のCDを用意して。環境音楽はもちろんのこと、心臓の鼓動や歩く速度よりも遅いテンポの、南の島のリゾートを思わせる曲も効果的。自《おの》ずとゆったりと時間をかけたていねいなお手入れができ、そういう意味でもキレイが増す。お手入れのたびに2つ3つの器官に同時に働きかけて、本気で自分を癒やしたら、確実にキレイが目に見えるはずなのだ。

How to age beautifully 20

いつも〝次の旅〟を準備している。〝非日常〟で〝日常〟を活性化させるアンチエイジング

旅の喜びの半分は、旅が始まるまでの準備期間にある。ヘタをすると、〝始まってから〟より〝始まるまで〟の方が楽しかったりしてしまうほど、旅の準備は他のことでは体験できない幸福感をともなうものなのだ。

60代のある夫婦は、年2回、長めの海外旅行に出かけるが、ひとつの旅が終わるや否や、次に行く国々のことをすみずみまで調べあげるから、一年中忙しいのと言った。もちろん、準備をていねいにすればするほど、行ってからの時間も充実するが、行くまでの時間も充実させるのが〝正しい旅の仕方〟なのである。

人の好奇心の量は、やっぱり地球の上をどれだけ移動したかというその距離に

比例するのだとも言われる。動けば動くほど、知りたいことの質が変わっていく。知りたいものの数も増えていく。だから〝準備〟もより密度の濃いものになって、旅自体もさらに濃厚になっていく……。でもそれ以前に、ただ旅を予定しているだけで、日常生活も充実することを知ってほしいのだ。

何週間か先に大きな旅を予定していたり、何日か先に小さな旅を予定していたら、主婦が〝毎日、同じことの繰り返し〟とため息をつくこともないし、OLが〝毎日、会社と家の往復〟と、ふとむなしくなったりすることもない。〝非日常〟の予定を作っておくと、〝日常〟も活性化するのだ。退屈が退屈でなくなる。だから人生にゆとりができたら、いつも何らかの旅を予定し、いつも何らかの準備をしていたい。何もない毎日のためにも。

How to age beautifully 21

5年前の自分の写真を眺めていると、「本当に変わらないね」と誉められる

久しぶりに会った人に、「変わらないね」と言われるのは、下手に「若い」と言われるよりも、むしろ喜んでいい誉め言葉。なぜなら、「変わってしまうこと」が、じつは一番残念な老け感をもたらすからである。

じつのところ、シワが数本増えたくらいじゃ、人の印象は変わらない。問題は、顔立ちそれ自体が衰えながら変わること。単純な〝肌のたるみ〟だけでは説明がつかない筋肉の移動が、顔立ちを変え、そして「あの人老けちゃったね」という強い印象をもたらすのだ。良い表現ではないけれど、〝劣化した印象〟だけを残してしまうのである。

じゃあ、顔立ちを変えないために、私たちができることは何なのか？　そんなこと？　と笑うかもしれないけれど、昔の自分の写真を時々眺めること。できれば〝5年前の写真〟を用意して、定期的に眺めてほしい。自分の顔を毎日鏡で見ることが、昨日の顔を明日までキープするための、もっともナチュラルなリフトアップとなるからなのだ。たとえば昔の修道院のように鏡がない環境では、3カ月で顔立ちが変わってくるとも言われる。それは自然なリフト効果が効かない証《あかし》。だから自分の顔を目で見ることが、何より大切なのである。

ではなぜ、5年前の写真なのか？　一説に、「人は3年に一度歳をとる」とも言われる。それも人間の顔は2年間までは見た目に大きく変わらないが、3年目には明らかに変化が表れるという意味。だから、この〝3年に一度〟を〝5年に一度〟にすると立派なアンチエイジングになる。5年間顔立ちが変わらないように、5年前の写真を時々眺めてみるのだ。いちばんよく撮れている5年前の写真を用意して。つまり、5年後に「本当に変わらずにキレイね」と誉められるという目標を持ってみてほしいのである。

How to age beautifully 22

相手に心臓を向けること。そして、真っすぐ見つめること。それが自分をイキイキ見せるコツ

若さや〝生き生きした印象〟は、何も肌や顔だちだけでつくるものじゃない。むしろ相手と向き合った時、どういうオーラを出すか？　その方がずっと重要だったりする。言いかえれば、〝若さ〟というものは、家の鏡の前だけでつくるものではない。むしろ相手の目の前にいる自分が、相手とどう向き合うかでつくっていくべきものなのである。

人は、自分に好感をもってくれる人を好きになる。人に好かれたいなら、まず自分から相手を好きになるべきなのだ。印象づくりも同じ。会話をする相手に対し、言わば一生懸命に向き合うこと。これが〝キラキラ輝く生命感〟を、まさに

光のように放つ決め手なのである。

一生懸命に向き合う……それはたとえば、相手に心臓を真っすぐ向けること。人は、激しい鼓動を感じる時以外は、あまり自分の〝心臓〟のありかを意識しない。心臓に対して注意を向けることもない。ましてや、心臓の向きなど考えることもなかったと思う。でもここで思いきり心臓の存在を意識して、相手の方に向けてほしい。

そしてなおかつ、相手の目を真っすぐ見てほしい。真っすぐ見ることで、視線はより奥まで入っていく。相手の魂にまで届くかもしれないほどに。だからあなたの生命の煌《きら》めきまでが相手に届くのだ。それが、人を生き生き見せる決め手。その人を不思議なくらいに、若々しくフレッシュに見せる決め手ともなっていく。ともかく一生懸命に向き合うほどに、相手はあなたに惹《ひ》きつけられるのだ。

かくして魅力という引力は、いつも相手に対する集中力から生まれるものなのである。

How to age beautifully 23

ハンカチは白しか持たないという選択は、女を清らかにする

大人になってハンカチをもらうって特別なこと。繊細なレースをあしらった純白のハンカチをもらった時、なんだか身も心も洗われる気がした。それが自分の〝持ち物〟になると思っただけで、たちまち自分が丸ごと浄化されてしまうのだ。美しいハンカチには意外なほどのパワーが備わっていることに、その時改めて気づいたのである。ただの生活必需品である一方、女にとっては〝人に見せる下着〟のようなもの。だから、その静謐《せいひつ》な白の高みに自分自身も引き上げられる。たかがハンカチ一枚に、そんな〝力〟があるなんて不思議だけれど。

ただ、繊細なレースのついた純白のハンカチも、宝物《たからもの》みたいにしまっておい

たり、ハンカチの仕事をさせずに時々ヒザにのせたりするだけでは、そういう浄化作用もあまり効かない。どんなにツンと取りすました白いハンカチも、生活必需品として平然と使ってこそ、身も心も浄化されることに気づいたのだ。

そう言えば、ハンカチは白しか持たないという人がけっこういる。不思議に白いハンカチには気持ちが慣れてしまわず、365日、上質の白いハンカチをバッグに入れるたびに、背すじがしゃんとし身が引き締まるからと。シーツやタオルなど、生活の中で使う布はすべて白にするという人も少なくないが、まさにそれは生きる上でのこだわり。白は汚れもシワも目立ってとても厄介だから、その分生活がきちんとする。生活の中の白はそうやって人を律するのだ。

と同時に暮らしを浄化し、一日のいろんな瞬間、人を癒やしてくれる。ホテルでは100%が白なのもそのため。だからせめてハンカチを白に。柄もの色もののハンカチは、どこか女を甘やかし緩ませる。ハンカチは女にとってたぶん自分自身なのだろう。ハンカチを白にするだけで、だから人は若返る。清らかになる。それもひとつのアンチエイジング。

How to age beautifully 24

涙には、良い涙と悪い涙がある。良い涙は、人を浄化し、力に変わる。だから思い切り泣いていい

2011年、〝あの日〟から毎日涙を流していたという人が、きっと日本中にいたはずだ。被災地ではもちろんのこと、以前と変わらない日常を生きられる地域でも、ただの日常に戻ってはいけないと、あえて被災地の報道を追い続けて、そして涙する人が……。

涙には〝コルチゾール〟というストレス物質が含まれている。このコルチゾールは、免疫力を低下させたり、心拍数、血圧を上昇させたり、はたまたホルモンバランスを乱したりと、さまざまな悪さをする。涙はこのストレス物質を体外へ運び出してくれるのだ。心が健康な人ほどたくさん泣くとも言われるが、そのせ

いだろうか？　だから、悲しい時は泣くことを我慢しちゃいけない。まさしく涙が枯れるまで泣くべきなのである。

ただし、涙には2種類あって、そうした働きがあるのはあくまで感情がもたらす涙だけ。目の保護のために出る生理的な涙にストレス物質を排出する効果はない。悲しみや苦しみを多少とも洗い流すためにこそ、神さまは人に涙という液体を与えたのだろう。

でも厳密に言うと、感情の涙にも2つある。悔し涙のように、攻撃性や怨念を含んだ涙は頬を伝う時に冷たいが、誰かを偲《しの》んだり善意に心を震わせたり、はたまた他者の痛みを分かち合おうとする人の涙は温かい。それは頬を温める涙にこそ、心の澱《よど》みを浄化する力がある証《あかし》。温かい涙を流すほどに、人は心身ともに洗われていく。そして立ち上がるエネルギーを生む。

だから世のため人のためなら、思い切り泣いていい。心に安らぎが戻るまで。

How to age beautifully 25

コンプレックスも、紙に書くと消える。心が整う。自分へのメモが人を磨く

かつて〝手帳の厚み〟がその人の人生の幅や奥ゆきを物語った時代がある。予定や情報を山ほど書き込むことが自分の厚み、という時代が。でも今、そのすべてがスマホの中に入ってしまう。年末になると人だかりができた手帳売り場も物淋しく見えるほど。しかし新しい一年のために、真新しい手帳を用意する時の〝胸の高鳴り〟や、自ずと背すじがしゃんとのびるようなあのすがすがしさは、他のものでは置きかえがきかないから、やっぱり手帳は買うべきなのだ。気がつけばめっきり減った、〝文字を書くこと〟をあらためて習慣にするためにも。

最近〝美文字を書くこと〟への関心がにわかに高まっているのも、〝打つ〟の

ではなく〝書く〟と、自ずと心が整うことに気づいた結果。そして不思議に人間、手帳には〝きちんとした字〟をていねいに書く。小さな面積に、字を詰め込むのは小さな快感。〝写経〟のように、自然に精神を集中させ、乱れた心も整える即効性をもたらすからだろう。

もちろんスケジュール表をきれいに埋めるだけでもいいが、日記のように気持ちを綴《つづ》ると、さらに心が整う。SNSに打つ言葉は人に見せるもの。でも手帳には人に見せない自分へのメッセージを書いてみたい。今日観た映画の感想でも、腹が立った夫への文句でも。書くと考えがまとまり、心が落ち着く。ストレスも減る。あとで読み返して、解消した不満は消せばいい。心はもっと整理整頓され、やがて手帳をそばに置くだけで気持ちが落ち着くようになるはずなのだ。そして一年後くらいに読み返すと、ハッと息をのむような発見があったりする。

文字を書くという作業は本来、人間だけに許されたきわめて知的で崇高な、とても精神的な行為だからである。

感情の記憶は、日々の睡眠とともに整理されてしまう。だから感動も哀しみも次の瞬間から薄れていく。でもそれをひと言でも書きとめておくことで、言葉は命を宿すのだ。書いた時は心が整うが、のちのちその記録は、良い意味で熟成していくから心を豊かにしてくれる。誰にも見せないのに、自分をどんどん高めてくれるのだ。毎日の自分に無理なくそれを課す手帳はやっぱり必ず用意しておきたい。

逆にどうしても消えないコンプレックスも、言葉にして紙に書くと不思議だけれど確実に薄れていく。反省や悔恨《かいこん》も言葉にして紙に書くと、しっかりと体に染みこんでいく。ネガティブな感情こそ、血となり肉となる。メモは人を磨くのだ。

だからもう一度〝ひと言日記〟を始めよう。自分へのメモを始めよう。過去の自分を振り返るためじゃなく、未来の自分を高めるために。

How to age beautifully 26

成功している人、望みを叶えている人、そして明らかに幸せそうな人。そういう人に共通しているたったひとつのこと。それは〝一生懸命〟ということ。何をもって〝一生懸命〟というのか、その基準は曖昧だけれども、ともかく、どんなことでもやり遂げるまで諦めないという〝一生懸命〟、日々のささいな家事雑事から人生レベルの大きな挑戦まで、オシャレも恋愛も、もちろん仕事も事の貴賤を問わず、何でも一生懸命。結局そういう人だけが勝っている。人生にラッキーはないのだと、痛感させられる。当たり前のことだけど、やっぱり心に刻みたい。

How to age beautifully 27

〝ゆっくり動く〟と生き方が変わる。忙しい女たちのアンチエイジング

たとえば50年前といちばん変わったのは、女が生きるスピード感だろう。ともかく、昔とは比べようもないほど女が忙しくなった。やりたいことがいっぱいな上に、女は何も諦めない。その結果、女たちは今いつも慌てている。何だかみんな焦っている。生活が煩雑《はんざつ》になり、行いがわさわさするから物が散らかり、探しものばかり。女性が言葉をはしょるようになったのも忙しさのひずみだろう。いつの頃からか、女性が〝癒やし〟を切実に求めるようになったのも、結局はいつも慌てふためく自分自身を落ち着かせるためなのだ。

だから今あえて言いたい。大人がキレイになるカギは、〝ゆっくり〟にあり

いねいに。

と。ゆっくり動く、ゆっくり話す。家事も身繕《みづくろ》いも肌のお手入れもゆっくりて

「そういう時間的ゆとりがないから困っているの」と言うのだろうが、手際がいいのと、急ぐのは違う。ゆっくりやると、だいたいのことはうまく行くし、結果として早く済む。ゆっくり動くと心が落ち着き、見えなかったものが見えてくる。精神のバランスが整い、心身の浄化にもなるはずだ。猛暑《もうしょ》がコワイ夏は尚《なお》さら、その心がけが涼しさにも効くだろう。

ともかくみんな、忙しすぎた。せっかちになりすぎた。今こそ、無理がない、慌てない、自分を追い込まない、自分に優しい暮らし方を見直したい。人間は、脈拍より速いリズムへ自分を追いたててはいけないのだ。呼吸と同じスピードで歩いていくべきなのだ。

ゆっくり動いて、ゆっくり生きる、結果的にそれがアンチエイジングに繋がるのだから。

How to age beautifully 28

否定形が多くなる。決めつける。人の話を聞かなくなる。それが、おしゃべりの三大老化

30代後半、仕事のスタッフと会話をしていて、ふと黙ってしまったことがある。人の話を聞かずに、ほとんど一方的にしゃべっている自分に気づいたから。同時に、自分の精神的な老化に気づいてゾッとしたからである。

社会に出て10年20年経てば、放っておいても後輩が増えて、先輩になり上司になりと、立場が自然に押し上げられていく。と同時に知らず知らず、頭と心が柔軟性を失っているせいで、単純に決めつけが多くなり、キャリアとともに中途半端に知識が増えていたりするから、気がつくと〝したり顔〟でそれを後輩たちに押しつけようとしているのだ。

明らかにこれは〝老化現象〟。自分の考えに根拠のない自信がついてきてしまったりするから、人の話を聞かなくなるのだろう。「自分に自信を持ちましょう」という提案自体アンチエイジングに他ならないが、自信の持ち方を間違ってしまうと、逆にエイジングを早めてしまう。ハッキリ言って、人の話を聞かない、決めつけの多い女は、それだけで老けて見えるから。

そもそも会話の最大タブーは、〝否定形の多いこと〟と言われるけれど、否定形を山ほど使っていることに自分では気づかないのも、またひとつの老化現象。〝決めつけ〟が多くなれば、必然的に他者の言うことをいちいち否定したくなり、それがまた正解だと信じているから、正義だと思い込んでいるから、否定だらけだって気づかない。

そこは意識して、まず肯定できることを探して肯定してから、そっと否定を加えるようにすること。そしてまず相手の話を全部聞いてから、話を始めるような心がけも、存在のアンチエイジングとなるはずなのだ。〝自信を持つより、自分を疑うこと〟もアンチエイジングだって、思い知りたい。

How to age beautifully 29

シワやたるみなどなくても「オバサン」と呼ばせる形はないけど目に見える、2つのもの

同じ年代でも、いつの間にかどこかでオバサンと呼ばれている人と、どこへ行っても誰からも、決してそう呼ばれない人がいる。呼ばれない人は、たぶん生涯そう呼ばれることはないのだろう。もちろん自らを「オバチャン」と名乗る人もいて、親しみを込めたニックネームのようにそう呼ばれることが一概に悪いとは言えない。だから自ら選んだキャラとしてのオバチャンは例外として、いちばん避けたいのは、自分は自分をオバサンと思っていないのに、陰でひそかにそう呼ばれてしまうこと。だからその差は一体どこにあるのかを考えてみた。

まずその境界線は、肌や顔だち、体型にはない。むしろ人として発している2

つの印象。ひとつは図々しさの量、もうひとつは清潔感の有無である。

たとえばだけれど、〝バーゲンで人を押しのけるタイプ〟は、やはり知らず知らずそういうイメージを醸し出してしまうし、メイクやヘアやファッションが清潔感に欠けると、その分だけオバサンのにおいを発してしまう。どちらも形はないけれど、目には見えているもの。シワやたるみよりも、よほど人を老けて見せるものがあるって、よくよく知っておきたいのだ。

ちなみに日本女性が「カワイイ」にこだわる理由は、オバサンと呼ばれないためのブレーキだとも言われ、確かに〝恥じらい〟を忘れないという意味では「カワイらしさ」も必要だが、そもそも日本語に、伯母（叔母）さんならぬ「オバサン」という言葉があること自体がいけないのだという気もする。フランスのように世間が「マダム」と呼んでくれれば、みんな自然にエレガントになれるのに。

いずれにしても、意識してオバサンと呼ばれないように生きるのは、じつはとても確かなアンチエイジングなのである。

How to age beautifully 30

幸せは〝足腰〟からやってくる。気品も、粋も、〝足腰〟からやってくる

〝あまり歩かない人〟は、〝野菜をあまり食べない人〟とよく似た後ろめたさをもって生きている。歩くことは人間が健全に生きるための〝必要最低限〟。しかもそれは〝命を磨くこと〟に等しく、だから歩かずにいると、人間としての自信がみるみる減っていくのだ。旅の途中、石畳《いしだたみ》をたくさん歩いただけで足の靭帯《じんたい》を痛めるという、まさに人としての自信を失う体験をしてそのことに気づいた。

でも相変わらず、歩く時間はなく車に頼ってばかり。だから思い出したのが、〝1分間ずつの片足立ち〟は、1時間歩いたことにしてくれる……という話。早速、毎朝の歯みがきの時に、片足立ちを始めた。突っ立っているだけではもった

いないから、片足のままゆっくりの屈伸《くっしん》も加えて。1分間が2分になり、3分になり、1回の歯みがきで下半身全体が熱くなるまでになって、ようやく生きる自信が戻ってきた気がしている。足腰にはそういう役割があったのだ。

そう言えば、茶道を習っていた時、〝侘《わ》び寂《さ》び〟の洗練をその所作で表現するには強い足腰が必要だから、皆さんたくさん歩きましょうと教えられた。同時に、和服を着て粋《いき》な立《た》ち居《い》振《ふ》る舞《ま》いをするにも、決め手は足腰だと。一方、モードな着こなしにもある種の〝運動神経〟が必要だが、それも強い足腰あってのもの。10センチ超えのハイヒールなど、強い足腰がなければどうにも上品に歩けない。全然優雅に見えない。今やオシャレも足腰なのだ。

そもそもが、何かをしたい、どこかへ行きたい、誰かと会いたい……生きる上での意欲や願望は、足腰の筋力から生まれるものと言ってもいい。ずばり前向きに生きる心は、足腰からやってくるのである。〝幸せを呼ぶ片足立ち〟は、めずらしく続いていて、今も日課になっている。

How to age beautifully 31

「おはよう」「ありがとう」そして「ハイ！」……当たり前すぎるひと言が、人生を変える

離婚寸前だった夫婦の関係が、いきなり修復されたのは、夫の方が日常的に何気ない「ありがとう」を意識して口にするようになったから……これは実際よくある話で、ご飯をよそってもらうたび、物を取ってもらうたびに「ありがとう」を言うだけで、凍りついた関係もするするとけていく。まさしく当たり前のひと言を言うか言わないかで、運命さえ変わってくるということなのだ。

しかしそれは、相手の心をとかすだけじゃない。自分自身のこわばった心を瞬時にとかして前向きにするのが、当たり前のひと言を〝きちんと口にすること〟なのである。特に「おはよう」の挨拶は、自分自身に効く。いかに気の重い一日

も、思い切って明るい声でクリアに「おはよう」を言うと、まるで眠っていた細胞が一斉《いっせい》に目を覚ますように体の中で活力が目覚め、〝気〟が立ち上がる。心の重しがすっと取れ、その日一日を清々《すがすが》しい気持ちで、溌剌《はつらつ》と始められるはずなのだ。もちろん明るくクリアに言うほど〝効き目〟は高く、一日効力が持続する。

それは、自分を一日中、〝より良い自分〟にするためのスイッチなのである。同時に「おはよう」を言った相手との関係も、いきなりスムーズに動き出すのは言うまでもないが。

そしてまた、名前を呼ばれた時、何かを頼まれた時、妙な〝間〟を空けずに、次の瞬間鮮やかな「ハイ！」が言えることが、自らの魂をキレイに磨くこと、気づいていただろうか？　明度《めいど》も彩度《さいど》も高い「ハイ！」の数だけ好感度が高まるのはもちろん、自分の心身がどんどん浄化される。だから、どんどんキレイにもなれる。日常的なひと言がとことん美しい人ほど、歳をとらない、そう言ってしまっていいと思う。

How to age beautifully 32

ハイヒールとジーンズを脱がないこと。それは、もっともナチュラルな若返り

80代になる母親は、外出の時、今も時々ハイヒールを履く。転んだら危ないからと周囲から言われる前に、「ある程度の高さがあったほうが、かえって安定するのよ」という言葉を用意して。かえって安定するのも確かだが、その前に、ハイヒールを履き続けることが母にとってはかけがえのないアンチエイジングなのだと、いつも思う。

単純に、ハイヒールを履くと背すじがピンと伸び、バストも高く見え、ヒップも上がって見える。それだけで何歳分も若く見えるし、一説にハイヒールを履く足の形が女性ホルモンの分泌《ぶんぴつ》を高めたりもするという。かかとを上げる少しだけ

不安定な状態が、女らしさを湧きあがらせることを、女は本能で感じとっているのだ。

私自身、ハイヒールのかかとを3センチ低くしたら、どっと歳をとってしまうのだろうとどこかで思っていて、高めのヒールを貫いている。こういうものは、ひとたび脱いでしまったら、たぶん二度と履けなくなる。水着だって一年休んでしまうと着るのが億劫《おっくう》になり、やがて本当に着られなくなる。歳をとるってそういうこと。自分を〝現役の女〟でいさせてくれるものは、ともかく脱いじゃいけない、ずっと身につけ続けなければいけないのだ。

ジーンズも同様で、一度やめると気が引けて穿《は》けなくなる、だからずっと穿き続けたいアイテム。そもそもジーンズは、誰が穿いてもかまわない年齢不詳《ふしょう》の服。でも何のてらいもないからこそ、逆に年齢を浮き彫りにしてしまう。とりわけ肉体的な衰えを強調する意地悪な服。だからくたびれた人には絶対に似合わないのだ。

しかも意外なほどのセンスを要し、気持ちが若くないと穿きこなせない。だからこそ、ジーンズを本気で穿き続けるだけでアンチエイジングとなるのである。

言うまでもないけれど、男性も同じ。ジーンズの似合う老人は明らかに若い。何だか人生充実していそう。もっと言えば幸せそう。そこを目指して、ずっと穿き続けたいのである。

歳をとるたび卒業していくべきモノは確かにたくさんあるけれど、やめてはいけない大切なものがすぐそばにあることも、忘れずにいたい。とても自然な形で若さを保ち、ついでに人生も楽しくする、粋な若返りである。

How to age beautifully 33

きちんと生きているのに、
一生懸命にやっているのに、
何だか人生うまく行かないという人には、
明らかな共通点があった。
それは、うまく行かないことがあると、
何でも“人のせい”にしてしまうこと。
言い訳が多いこと。
人のせいにすると、一時的に気持ちはおさまるが、
何だか前に進めない。同じ失敗を繰り返す。
そうではなくて、どんなことも
自分のどこがいけなかったの？　と
自分の中に原因を探すこと。
すると意外なことに、気持ちがすうっとする。
身も心も浄化され、どんどん前に行ける。
その違いは、人生規模で考えると、恐ろしく大きい。

How to age beautifully 34

麗しきオタクは、歳をとらない！ キレイも減らない！

オタクには、もともとあまり美しいイメージはないし、広辞苑《こうじえん》には「特定の分野にしか関心がなく、社会的な常識に欠ける人」とある。しかし世の中を見渡すと、今や目立ってキラキラしている女性は、まさにオタク的に何かに夢中になっている人ばかり。社会的な常識に欠けてはまったくいない。むしろ良識もバランス感覚も備えた上で、特定の分野に情熱を注ぐ女性が今、急増しているのだ。

たとえば宝塚にフィギュアに韓流モノ、さらには歌舞伎に相撲……趣味の域は越え、でも〝追っかけ〟はしない。だからオタク。仕事でも知的なキャリアを積んできた人ほど、その境地に達しやすいのだ。以前から〝仕事で成功した人は、自ら踊りはじめたり歌いはじめたり、やがて必ず自己表現を始める〟と言われてきたが、誰かを手厚く応援することも、ひとつの自己表現なのだろう。なぜなら大人の女たちは、一方的なファンではなく、何としても彼らを支えなければという強い使命感を持ち始める。だから身も心も充実し、結果として幸福感で満たされる。それも心のゆとりや生命力が増していることの表れだろう。

趣味に関しても、ともかく本気。集中するにつれ、これを続けていくのは自分の使命なのだという意識が自然に生まれているから、やっぱりただの趣味では得られないほどの心の充足が得られてしまう。キャリアを積んだ大人たちはみんなそう。〝情熱〟というエネルギーが今、女性たちの中で熟成していて、人生を自分で楽しむ才能へと昇華《しょうか》しているのだ。

だから麗しきオタクほど、歳をとらない。若い頃よりむしろ若い。考えてみればオタクになれること自体、体の中に文化がある証《あかし》。美意識も人一倍高いから、キレイも減らないのだ。常識あるオタクが増えたこと、それもまた女の進化なのである。

How to age beautifully 35

「老けない人が、太らない」。それは決定的に揺るがない、大人の女の法則

たとえば同窓会で、〝女子〟たちをもっとも驚かせ、ショックをもたらすのは、おそらく昔はスリムだった男子が5倍くらい大きく見えるほどに太ってしまっていることなのだろう。いや、太るだけなら別にいいのだ。問題は歳をとりながら太ってしまうこと。昔の面影がないばかりか、もうまったく別の存在に見えてしまうから。〝太ってしまうこと〟と〝歳をとること〟は、組み合わさってしまうと〝足し算〟どころか〝掛け算〟となり、他の同級生よりゆうに20歳くらい老けて見えてしまうから、歳をとりながら太ってはいけないのである。

逆に言えば、40代でも60代くらいに老けて見えていた人が、20キロほど痩《や》せた

ら、まさに別人に見えるほど驚くほどに若く見えたりするもので、やはり〝太ると老ける〟のは紛れもない事実なのである。

でも女性の場合は、少し事情が変わってくる。〝太ってしまうから老けて見える〟というよりも、〝老けないように努力している人は、結果として太らない〟……それが正しい法則なのではないかと思うのだ。

太っちゃったから10歳分も老けちゃった……そこまで行ってしまう前に、女の場合はいくらでもブレーキをかけられたはず。多少ともアンチエイジングに気を使っていれば、2キロ太った時点で、ちょっと体操しようとか、食事に気を使おうとか、太らないように心がける方法はいくらでもあったはずなのだ。だから逆にこう言えるのだ。老けない女が太らない。

大げさな美容などいらない。日々の自分にちょっと気を使うだけで、女性は老けないし太らない。鏡に自分を映して、今日の私は大丈夫？　疲れた顔をしていない？　そういう問いかけだけで、女は老けないから太らない。これぞ究極のアンチエイジング。

How to age beautifully 36

3秒長く、相手を見つめると、あなたの存在感が2倍になる

誰かと面と向かって会話をする時、基本的には最大で5秒くらい相手の目を見たら、次の瞬間意図的に他に目をそらし、2秒くらいしたらまた相手の目を見て……ということを繰り返しているに違いない。それ以上長く見つめても、またそれ以上長く目をそらしても、何だか違和感を残してしまうから。少なからず変わった人に見えてしまうから。

でもこれは、逆に〝その違和感〟を利用してみませんか？ という提案。たとえば、通常相手を見つめる時間の限界が5秒なら、あと3秒長く目をそらさずにいることで、自分の存在感を強く刻みつけられるはずだから。

もちろん違和感にはリスクもあるが、その長さがそっくり相手への〝好感〟につながったとしたらこれは成功。異性には〝カン違い〟をさせるかもしれないけれど、ほんの2、3秒の自己表現。誤解を生んだとしても罪にはならないはず。でも人間、好意を持たれれば相手を好きになる。そういう意味では、同性に対しても効果的な好感度アップのテクニックとなるのではないかと考えたのだ。

逆を言えば、その〝いい頃合い〟より、たった2、3秒早く目をそらしてしまうだけで、「自分をキライなのだろうか」とか、「自分の話がつまらないのだろうか」というネガティブな感情を相手に与えることになるわけで、必然的に、自分自身の好感度も下がることになる。たった2秒3秒で、自分の印象がハッキリ明暗を分けてしまうのだ。〝目は口ほどにモノを言う〟とは、まさにそういうことなのかもしれない。ほんの数秒で、たくさんの言葉に匹敵するような想いを伝えて、相手を心地よくさせて、自分を好きにさせることができるのが、目を見つめる行為。もう一度、目の力を見直してみてほしい。3秒長く見つめるだけで、自分の存在感を2倍にする目の力を。

How to age beautifully 37

ただ「きちんとする」だけで、人はたちまち10歳若返る

今や多くの人が、実年齢の7掛《が》けの〃気持ち年齢〃を生きている。40歳が28歳の気分を生き、50歳が35歳の気分を生きている……いや、実年齢と気持ちのギャップは、ますます激しくなるばかり。しかし、実際の〃見た目年齢〃をそこに合わせていこうとすると、やはり少し無理がある。強引な若づくりは逆効果。

ところが見方を変えるとアンチエイジングは、びっくりするほど簡単になる。つまり美容で、具体的に10歳若く見せようとすると、随分と手間のかかることに思えるが、そういうことではなく、むしろ、2、3秒で、一瞬でできる若返りもあるということ。それが、とても単純に「きちんとする」ことなのだ。

きちんと……よく整っていて乱れたところのないさま。それを意識してやってみる。服選びに服の着方、立ち方、歩き方、座り方。そして姿勢。口紅やマスカラの塗り方も……。体でつくる〝きちんと〟は、たぶん無限にあるのだろうし、言葉遣いやおじぎの仕方まで、それこそきちんとしはじめたらキリがないほどたくさんの〝きちんと感〟が存在する。もちろんすべてとは言わない。でも自分にできる〝きちんと〟をいくつか、それを心がけるだけで人はたちまち若返る。10歳若く見えるなんてアッという間。

逆に言えば、老けて見えるのも簡単なのだ。大人は〝だらしなさ〟だけで、アッという間に10歳年をとるということなのだから。

毎日、いくつかの〝きちんと〟を持って出かける。たとえば、ストッキングをとりわけていねいに穿《は》く。シャツの裾《すそ》をパンツにきちんとおさめて、ほつれ毛もきちんと整える、それだけを心がける。何より大切なのは顔の表情。ピンとして引きしまった顔だちを心がける。〝きちんと〟を心がけるアンチエイジングを始めたい。

How to age beautifully 38

悩みごとは胸で悩まず、頭に押し上げて、頭のてっぺんから抜いていく

誰にでも落ち込む日はある。でも暗くなるまで電気もつけずに悩んでいたら、もう形の衰えとして残るような重篤《じゅうとく》なストレスになってしまう。ひと晩でも眠れない夜を過ごすと、それだけでストレスは衰えに変わってしまうのだ。だから悩みは一刻も早く消す。2日め3日めには決して持ち越さないことなのだ。

ところが悩みの多い人ほど、悩みをいつまでも胸の中に滞留させている。要は、悩みを追い出すのがヘタな人なのである。悩みを悩みのまま胸の中に住まわせているから、時間があくと悩みを持ち出してまた悩む。夜になると引っ張り出してまた悩む。ところがただ悩みをこねくりまわしているだけだから、一向に解

消しない。むしろ他の小さな悩みまで巻き込んで大きく育ててしまう。だから胸に住まわせては絶対にいけないのだ。

じゃあどうするか？　悩まずにちゃんと〝考えること〟。そのためには、胸ではなく上へ上へと悩みを引き上げて頭に持っていく。頭まで移動させると、不思議だけれど、どうすれば解決するか、そのために今自分は何をするべきか、どう考えればいいのかが、するすると解けていくのだ。その途端、どんな悩みも一瞬で体を出て行く。頭のてっぺんから抜けていくのだ。

そんなこと、あるわけないでしょと言うかもしれない。でもこれは、セラピストから教わった、とても専門的なテクニック。胸にあるから考えが浮かばないのだ。だから上へ上へ。意識の中で上に持ち上げている自分をイメージしてほしい。そして抜けていくイメージも。

じゃあ頭で、一体何を考えるのか？　たとえばこう。「毎日をきちんきちんとやっていれば、きっと失敗は挽回できる」みたいに、恐ろしく当たり前のことなのである。

How to
age beautifully
39

女は〝7年ごと〟に歳をとる？ならば、七転び八起きする

近ごろよく話題にのぼるのが、女は7年ごとに歳をとり、男は8年ごとに歳をとると説く、〝七損八益《しちそんはちえき》〟。陰陽《おんよう》に基づいた東洋医学の考え方だ。つまり永久歯が生えそろうのは女が7歳で男が8歳と、子供の頃は女の子の方が成長が早いが、やがては女の方が少しだけ早く歳をとることになり〝衰え始め……〟も、女が35歳、男が40歳とされている。だから女たちは猛然《もうぜん》と衰えと戦わなければならなかったのだ。

でも、その結果、見た目の若さは逆転。原動力となったのは、やはり美容だけに備わった〝戻す力〟だった。

人はただ下り坂をまっすぐ下りていくわけではない。人の若さはまだ戻せば戻る〝反発力〟をもっている。「坂を転げ落ちるように衰えていく」という表現は当てはまらない。40代半ばあたりでガタガタッと来るはずだが、そこで猛然とお手入れすると、ちゃんと戻るのだ。人間の体って、捨てたもんじゃない。だから行ったり来たり、下ったりまた上がったりを繰り返しながら、ゆっくり歳をとっていくのが理想。つまり美容とは、日々鏡を見て、昨日より衰えていたら、すぐに元に戻すための手を打つこと。その繰り返しに他ならない。言うならば七転び八起き、転んでも転んでも立ち上がる、それが35歳からの美容なのだ。

7年ごとの生理的変化は、28歳で初期老化が始まり、35歳で衰えが目に見え、42歳で本格的な衰えが刻まれて、49歳で更年期……。しかしそれは〝暦《こよみ》〟上のサイクルにすぎず、その7年ごとを、10年ごと12年ごとにのばすために、スキンケアがあるのだって考えてみる。

ともかく衰えに気づいた日ほど、意識して大きく戻すこと。落ちたら上げる、老けたら戻す。ただ戻る時は、思い切って戻ってほしい。やはりそこは、年齢に逆らうわけだから勢いをつけて戻るのが、何より大切。すると本当に不思議。勢いあまって、以前より若返ってしまうこともあるくらい。1日で戻そうとする人は歳をとらない。

「起きあがりこぼし」こそ、アンチエイジングのコツなのである。

How to age beautifully 40

美しく歳を重ねる上で、いちばん大切なことは、〝若さ〟の代わりに何を増やすか?
ここを間違えないことに尽きると思う。
失った若さを〝若さ〟で埋めようとすると、必ず失敗する。
いくら若く見えても、美しくは見えない。
素敵に見えないのだ。

ずばり、失った若さの代わりに絶対不可欠になるものとは、何よりも〝知性〟!!

大人になるほど情報に頼った美容は効かない。
むしろ頭を使って考えて、美しさの鍵を見つけること。
だから〝気づき〟が大切なのである。
そういう知性があれば、見た目もおのずと知的に見える。
それさえあれば、もう一生美人。

How to age beautifully

41

日常生活がくすんできたら、ソファを少し動かしてみる。体の中に新しい空気が入ってくる

毎日が家と職場の往復……あるいはまた毎日が同じことの繰り返し……。それ自体がストレスになる時期がある。日常生活が何だかくすんで見える時が誰にでもあるものなのだ。これは〝退屈〟とか〝厭世観《えんせい》〟とかではなく、むしろ自分が生きている空間の賞味期限が切れたことを意味している。そう、部屋とそこにある空気は明らかに生モノなのだから。

定期的に引っ越しを繰り返している人は、その理由を、「一定期間同じ家に暮らすと無性に息苦しさを感じるから……」と言う。いくら掃除をしても取り除けないよどみがあるから、新しい空気を求めて動くのだと。確かにそれは、大掃

除でも排除できないもの。だから人の暮らしには〝模様替え《もようが》〟が必要なのである。

大げさに考えなくていい。カーテンをそっくり替えたり、ラグを替えたり、そういうことより、まずはむしろ家具の位置を変えたいのだ。空気を変えるとはそういうこと。不思議なことに、たとえばソファの位置を少し動かしただけで、日々が新鮮なものになる。生き方さえも変わる気がする。

そもそもソファは日常生活の基盤となる場所、止まり木みたいな場所だから、何かをするたびに人はいちいちそこへ戻っていく。だから位置を変えるだけで、動きのすべてが変わり、吸っている空気さえ変わるのだ。おさまりが悪ければ、それもまた一興《いっきょう》。スペース的に動かす場所がなくても決して諦めず、何か方法があるはずと考えることが、自分の日常に関心を持つこと。それだけで体の中に新しい空気が入ってくる。

欧米人が、自分で壁紙を張り替えたりするような模様替えを億劫《おっくう》がらないのは、それが自らの細胞の再生につながるから。模様替えがうまい人は、だからきっと人より若いはずなのである。

How to age beautifully 42

イスの背もたれに背中をつけない。その方がラクになったら、10歳若返る

いつも見惚れるほど姿勢のいい人がいて、その人を見るたび、自分のゆるんだ姿勢を「いけない、いけない」と居ずまいを正すのだけれど、30秒後にはもう元に戻っている。背すじが伸びていると、どれだけ得をするかなど百も承知なのに、意識しても意識しても、気がつくとまた丸まってしまっているのだ。〝クセ毛〟が何度なでつけても元に戻ってしまうのと同じ。体のクセってけっこう手ごわいもので、もっと本気で取り組まないとクセは正せないって、それをまず肝《きも》に銘じてほしい。そして、こうしてほしいのだ。

件《くだん》の〝見惚れるほど姿勢のいい人〟の姿勢にいちばん目を見張ったのは、じつ

はイスに座っている時。その人は、イスの背もたれに背中をつけないのだ。ゆったりしたソファでも、ダイニングチェアのようなものでも、ともかく背もたれにもたれかかっている姿を見たことがないのである。姿勢がゆるい人でもそういう座り方、しばらくは続くが、次第にきつくなる。ところがその人は、そうしていた方がラクなのだそうである。そして本気で姿勢を良くしたいなら、カギは〝どう座るか？〟という座り姿にあるのだとも、その人は言った。

最初はさすがに背もたれを使わない努力をしたというが、そうするとまず両ヒザがくっつき、2本の脚が真っすぐ床について、足先とお尻の2点で体を支えるから、背もたれがいらなくなる。すると次第にそれがいちばん正しい体勢であることに、体自身が気づいていくのがわかるのだという。だから気がつくと、今度はその方がラクになっている……。

その人は実年齢より平気で10歳15歳若く見える。体がハッとするほど細く美しい。背もたれを使わない効用に違いないのだ。

How to age beautifully 43

相手の名前をクリアに呼ぶ。それだけで〝あなたの存在感〟が、キラキラ伝わる不思議

どんな挨拶にも、相手の名前を一緒に言う人がいる。「おはよう齋藤さん」「さよなら薫さん」という具合に。そういえば、会話の途中にもしばしば名前を差し込んでくる。「あのねぇ、齋藤さん」「そうなの、薫さん」。

そういうふうに、自分の名前を呼ばれることがいかに心地よいかを、その人は教えてくれた。でも同時に名前が呼ばれるたび、逆に相手の存在が自分の中でいちいち大きくなっていくことにも気づかされたのだ。

自分の名前が不意に耳に飛びこんでくると、良くも悪くもビクッとする。自分の名前には自分にだけ響く言霊《ことだま》が宿っていて、それが好意的に使われた時、その

分だけ心が動かされるとともに、名前を呼んでくれた人にも強く引き込まれる形になるのだ。しかも挨拶ついでに、とりわけクリアに明るく名前を呼んでくれる人は、そのままの明るく溌剌《はつらつ》とした印象を放つ、とても生き生きした若々しい人に見えるのだ。それもまた名前の言霊による効用でもあるのかもしれない。

初対面の人に、すぐに親しく名前を呼ばれると、「なんとフレンドリーな〝いい人〟なのだろう」と思うもの。自分に好意を持ってくれたに違いないと思えるから、こちらもアッという間に心を開く。初対面からいきなり打ち解け、相手をたちまち好きになる時のパターン。人と人との関わりにおいて、名前を呼ぶことがいかに重要な鍵となるかを物語る。

だから意識して、今日会った人の名前をクリアに呼ぼう。そのたびに自分自身がどんどんイメージアップし、相手の目に若々しく素敵な人に映ること、覚えていて。それも、自分を高めるテクニックのひとつであることも。

How to age beautifully 44

年下とも年上とも付き合える、慕われる人は歳をとらない

幾つになっても〃年下の男〃に言い寄られる女は、女としてのランクが高いと言われる。逆に、20代で40代以上の男に愛される女も、やっぱり女として魅力的とされている。今の時代はハッキリ言って、パートナーがどんなに年下だろうが、どんなに年上だろうが、もう誰も驚かなくなっているけれど、極端な歳の差を克服できる女は、やっぱりそれなりの奥ゆきを持っていると言えるのだ。

もっと言えば、どちらの場合も、ある種の〃色気〃を備えている証《あかし》。年下から憧れられるのは、言うならば、清潔感ある大人の色気。そして年上から選ばれるのは、大人っぽさと同時に無垢《むく》な色気。ところが、年下の男に惚れられる女は、

同時に年上の男にも惚れられるという傾向があるって知っていただろうか？ここで言う魅力も色気も、要はオールマイティだということ。

そもそも、年下にも年上にも愛される女は、歳をとらない。外見的にいつまでも若々しくいようとするベクトルと、内面的にいつまでも素直でいようとするベクトルが掛け合わさり、歳をとらせないのだ。

これは、異性に対してだけじゃない。同性の年上、年下、両方に慕われる人にはみな同じことが言えるのだと思う。後輩にも先輩にも好かれる人は、人としても奥ゆきある魅力に溢《あふ》れているはずだし、まさに上にも下にも働くベクトルが年齢不詳の〝年齢を感じさせない人〟をつくっていく。

だから逆を言うなら、後輩はとても得意だけれども、先輩は苦手とか、逆に年下の同性とはうまく話せないというふうに付き合う人との関係性が偏ってくると、人としてのバランスがどんどん悪くなる。仕方がないけど、気をつけたいこと。

どんな年齢の人ともぐるりとまんべんなく付き合えて、どちらからも愛されることもまた、ひとつのアンチエイジングだって知っていたい。

How to age beautifully 45

シーツを毎日洗う人も、3カ月洗わない人も、シーツの快楽を倍にする方法

たまたまＴＶで見かけたのは、一気に明るみに出た〝シーツを洗う頻度〟、その驚くべき〝個人差〟だった。ホントかどうかはわからないが、「毎日必ず洗う」という人がいると思えば、まあよくも正直に明かしてくれたものだが、「3カ月洗わない」と悪びれずに語った人もいる。毎日洗う人は「なぜ同じシーツに何日も寝られるの？」と言い、3カ月洗わない人は「なぜそんなに頻繁に洗わなきゃならないか、意味がわからない」と言う。もちろんそこには〝正解〟がない。

けれども〝シーツ〟というものはやっぱり、人にとって特別な布。生涯にわたって毎日触れる布。ホテルに泊まることのひとつの醍醐味《だいごみ》は、程よくノリの利い

た洗いたてのシーツとプロのベッドメイキングの寝心地を味わえることだったりするわけで、これはまさに、他のものでは置きかえの利かない快感。真新しいシーツの触感が人間の快楽のひとつであるのは間違いないのだ。

つまり、洗いたてのシーツをクセにするのは明らかな美容。そう自覚して、いつもより早く洗うと、改めてその強烈な快感を五感で思い知り、たぶんごくごく自然に洗うサイクルが更に短くなるはずなのだ。だからまずは一度思い切って早く洗う。春夏秋冬、年に4回しか洗わない主義の人も、明日あるいは今週末、思い切って洗ってほしい。もういよいよ洗わなきゃと思って洗うか、自らすすんで早めに洗うかで、その至福のレベルも変わる。早く洗う分だけ身も心も清らかになるような浄化作用が得られるはずで、一度それに気づけばこっちのもの。早く洗いたい気持ちが一気に目覚めるはず。

じゃあ毎日洗う人は？　新品のシーツを下ろすサイクルを少し早めてみる。新しいシーツを下ろす日だけの至福はまた格別のもの。長い人生には、その回数が少なからず、アンチエイジングにつながるはずだから。

How to age beautifully 46

イライラしている時にネイルを塗ると心が落ちつく

たとえば原稿の〆切りが迫っていて、慌てているからうまく書けずに余計にイライラするような時、なぜかネイルを塗り始めるという奇妙なクセがあった。ハッキリ言って、一分一秒もムダにはできないのに、〝自分はなんでこんなことをやり始めてしまったのだろう〟と思い切り不可解に思いながらも、せっせとネイルを塗っているのである。

最初はこの奇妙な行動を自分でも説明できなかったが、まず混乱した頭を空っぽにしながらも、爪からハミ出さないようにネイルを塗ることで脳を程よく緊張させる……それが上手なリセットになると同時に、脳の簡単なストレッチになるということなのではないかと考えるようになった。手先を使った細かい動き……たとえば〝料理〟や〝習字〟が認知症などの予防に効果的だと言われるように、〝手先の仕事〟が脳細胞を活性化させる脳トレーニングになるのは間違いないのだ。

加えて、自分の指先が美しくなるのを自らの目で見届けるのは、ひとつのインナービューティとも言えるほど、気持ちからキレイの芽を育てていく上でとても効果的。日中、美しくネイルを塗られた自分の指先を眺めると、それだけでキレイの自覚が甦るのと同様、ネイルを塗る自分の手元を眺めるほどに、言わば家の中をキレイにした時のように気持ちがだんだん落ちついてきて、イライラがおさまる。不思議なくらいに落ちつくのだ。

ともかく、自分なりのイライラに効くリセットの方法を探しておくこと。たとえばいきなり洗濯を始めたり？　いきなり靴を磨いたり？

How to age beautifully 47

これぞという映画は、3回観る。何度も観てしまう作品にこそ自分の課題が潜んでいる

良い映画は何度観ても飽きないが、じつは飽きないだけじゃなく、最初は見えなかったものが、だんだん見えてくる。それはたぶん、自分にとってとても重要な意味を持つ映画である印。つまり繰り返し観なければならない運命にあったのだ。何度も観たからこそ炙り出される本質の本質が、自分の人生には不可欠な教えだからである。

たとえば私は、「風と共に去りぬ」という映画を10代の頃から何度となく観てきたが、観るたびに見方が変わった。スカーレットとメラニーという、全く対照的な2人の女の間を、気持ちが行ったり来たりするのだ。10代では、勝気で恐れ

を知らないスカーレットに心惹《こころひ》かれ、20代では、心優しく人を憎まぬメラニーに心惹かれ……という風に。その年代年代で、別の映画に思えるほど学ぶものが違ったのも確かだし、それがいつも人生観を書き換える要素のひとつになってきたことも確かなのである。

でもやがて、2人の人格は一人の女の二面性なのだと気づき、そして2人の女には〝勇敢さ〟という絶対の共通点があったことにも気づかされる。知らず知らずそれが自分の血となり肉となっていったら、映画の見方としては理想的である。

たかが映画、されど映画。おのずと何度も観てしまう映画には、自分の人生における課題が潜んでいるのを知っておく。いや、そこから必ず何らかの教えをひねり出してほしいのだ。「面白かった」……だけで済ませずに。

だから、これぞという映画は最低3回。〝ただの暇つぶしにならない映画の見方〟をマスターすると、少なからず人生が変わる。そういうこともまた、アンチエイジングのひとつなのである。

How to age beautifully 48

人に招かれると〝生活〟が向上し、人を招くと家ごと自分が活性化する

友人の家に招かれると、いろんな意味で刺激になる。びっくりするほどキレイに暮らしていても、逆に意外なほどラフに大ざっぱに暮らしていても、どちらであっても何というか、人生観が少しだけ変わるような影響力を感じる。どちらであっても自分の暮らしを見つめ直すことになり、家に帰ってから何らかの形で暮らしを改良することになるはずだ。言うまでもなく、自分にはなかった発想の暮らし方やインテリアを学んだり、人のふり見て我がふり直したり。結果、人に招かれると知らず知らず生活が向上するのだ。

そしてひょっとすると、人に招かれたことで自分の家にも人を招かなきゃと思

うのかもしれない。それも人に招かれたからこそ生まれる向上心のひとつに違いない。

かくして人を招くことになった時、きっと誰もが気づくことになるのだろう。自分の家に人を招くと、家の中の隅々までが浄化され、そして活性化すること……。だからカジュアルなお誘いより、なるべくなら〝ホームパーティ〟という名目で、多少ともフォーマルな匂いのする招待にしてみてほしい。

言うまでもなく、家は〝自分の作品〟である上に、暮らし方そのものをそっくり披露する舞台となるわけで、否が応でも自分の最高傑作にしようと思うから、部屋の隅で眠ったままのイスや、コンソールの上で少しホコリをかぶっていた置物が、いちいち生き返ったように存在感をキラめかせることになるはずなのだ。

もちろんそういうふうに家の中が生き返れば、そこに住む住人も甦る。新しい命を吹き込まれたように存在をキラめかせる。〝家ごとアンチエイジング〟は、人を招かないとやっぱり成立しないこと、覚えていて。

How to age beautifully 49

食事のはじめに、野菜でまずお腹をいっぱいにする幸せ

ダイエットは辛いもの。我慢と根気を必要とするもの。そして、何だかいつも空腹感が絶えないもの。太りたくないと思っている人にとってのダイエットは、まさにそういうものになる。しかもダイエットしなきゃという義務感は日々頭を離れないから、いつも少しだけ憂鬱。いつの間にかそういう〝ダイエット脳〟になっている人が少なくないはずなのだ。

順当に痩《や》せていけば、そんなストレスはすぐ帳消しになるが、数字が減っていかなければ、日々ストレスが蓄積されるばかり。体にも心にも良いはずはなく、よけいに痩せにくい体質になっていく。今すぐにでも、もっと心が弾む楽しいダ

イエットに切り替えないといけない。

でも、心が弾むダイエットなんて存在するの？　と思うだろう。たぶんこの世にひとつ、食事前に野菜でお腹を満たすという方法がある。

言うまでもなく食事の初めに生野菜を食べるわけだが、じつはフルーツも食後ではなく食前がよいのだとか。消化を高める酵素をつくるためには、食事の20分前には食べておくべきとも言われるが、面倒ならともかく、たっぷりの野菜でお腹をある程度満たすだけでいい。すると味覚的にも心理的にも、お肉や魚はしっかり食べたくなるものの、その分ご飯は極端に量が減る。痩せる食事としてはベストなメニューになるのだ。

でも生野菜がキライだったら？　大丈夫。不思議なことだが、空腹の時に食べる生野菜はいつも美味《おい》しく感じ、そういう食べ方をしているうちに、多くの人が野菜好きになっていく。やがてドレッシングもいらなくなるほどに。気がつけば早く野菜を食べたくなっている。なんという前向きなダイエットだろう！

How to age beautifully 50

家事が1時間時短になると、3歳若返る。閉まっていた扉が開くから

　今、普及率はどのくらいになるのだろう。部屋の中をひとりで勝手に動き回る人工知能搭載のお掃除ロボット……。誰だって便利なことはわかっている。でも日常の暮らしに対して、人間はどこかとても保守的で、そういうわかりやすい便利さを意外なことに甘く見てしまいがち。どうせ大したことはないって。自分の手でやった方が、キレイになるに決まっているって。

　ところが時代の流れにも人並みに乗っていきたいからと、日常の中にそれを取り入れたとたん、何だか人生の流れが一部変わるように思うのかもしれない。たかだか1時間かかるかかからないか程度の家事。しかしこれから毎日その小1時

間が浮くことを確信した時から、何か新しい扉が開くような感慨が押し寄せると言ったらわかりやすいだろうか。それは、実際に体験してみなければわからない喜びだったりする。家事に手を抜くのではなく、〝時短〟になる。それは大げさじゃなく、寿命が延びるような、命に関わる実感があるものなのだ。

そもそも今、家事の〝便利グッズ〟が空前の大ブームとなっているのも、さまざまなテクノロジーの進化によって、ウソ偽りのない便利さが叶ったせいもあるけれど、日常生活がわずかでも便利になるたびに、生命エネルギーがアップするような、細胞が活性化するような、他のことではなかなか味わえない〝気〟への効果を感じるからなのだ。

だから〝便利〟に凝り出すともう止まらない。もっともっと便利を増やしていくはず。それも日常生活そのものが進化し、自分の時間、未知なる時間が増えることは、ひとえに自分自身の進化につながるから。人生における開いていなかった引き出しを開けるような手応えと、ワクワクするような予感が生まれるから。便利グッズのアンチエイジング効果は、決して侮れない。

How to age beautifully 51

歳を重ねるほどに〝人に道を譲れる女〟になる。まさに「損して得とる」心の美容

たとえばエレベーターを降りる時、進んで〝開〟ボタンを押し続けて、他の人が出て行くのを待つ……良識のある人ならば、それをごくごく自然にやっているはずだけれど、周囲の反応はと言えば、おそらく会釈もせずに当然のように先に出て行く人も少なくないのだろう。つまり、誰も感謝してくれない行為。

確かに欧米などでは、そんなふうに女性が先を譲るなんてことはあり得ないし、かえって野暮。でも日本の私たちはやむにやまれず、どうしてもそうしてしまう。誰にも誉められなくても、誰にも感謝されなくても、人に道を譲ろうとするのだ。でもそういうメンタリティにこそ、人の美しさは宿るのではないかと思

ってみたのである。

確かにこの国の美容提案は、具体的に「自信を持ちましょう」「自分のキレイを前に出していきましょう」というスタンス。日本人のウィークポイントは、自分に自信がないことで、だからそういう提案が主流になって当然なのだろうけれど、そうやって一歩引いて人に道を譲る姿勢こそ、日本人ならではの美しさだという価値観を見直してもいいのではないかと思う。

仕事場においては、誰もが羨む〝おいしい仕事〟を「私がやりたい」と自ら名のり出る人にそれを素直に譲るような心も、おそらくは〝損して得とれ〟。きっと譲ったことがいつかどこかで何らかの実を結ぶのだろう。いや、バーゲンでも、たまたま同じものを手に取っていた人がいたら、それを引っ張り合うのはイヤだから譲る。空席がひとつしかなかったら、お尻で競い合うのがイヤだから譲る……単純にそう考えればいい。そういうふつうの美意識を持つことから、おいしい仕事を譲るような心のゆとりまで、〝譲れる女〟は紛れもなく美しいのだから。誰も見てくれていなくたって。

How to age beautifully 52

〝何でも調べる癖〟もアンチエイジング。好奇心が、心の代謝を高める鍵

人生が平坦でつまらない……と言う人がいたら聞いてほしい。はっきり言って、まともに生きている人はみんな、必然的に単調な毎日を生きている。それ自体を嘆くのは間違い。〝つまらない〟のは、単調な毎日を面白くする努力が自分に足りないせいなのだから。

いや、本来は努力なんていらない。好奇心さえあれば……。おそらく人生の密度を決めるのは、好奇心。だから人生を太らせる最大の栄養と言えるもの。

たとえばだけれど、〝おいしいと評判の店〟に出かけていくのは、食欲ではなく好奇心。その満足感を一度体験してみなくては、という……。美術館に有名

な画家の絵がやってきたと言っては、「ともかく見に行かなければ」と思うのも好奇心。そして、行ったことのない国には「一度行っておかなければ」というのも、理屈抜きの好奇心。単なるミーハー的好奇心から、知的好奇心、人生レベルの好奇心まで、多種多様、大小タテヨコ、あらゆる好奇心を持っていたら、それこそ〝人生が楽しくて楽しくて仕方がない人間〟ができあがるはずなのだ。

でも、どうも動き出すのは苦手。行動的になれない性分、と言うのなら、「ひたすら知りたい」と思えばいい。〝知る〟だけの好奇心だって、〝つまらなさ〟を退治する大きな鍵になるのだから。

そこで〝ただ知るだけ〟で心を満たしてくれる三大テーマを挙げるなら、歴史、人物、宇宙。歴史を知るのは、時代を知ることだから今を知る。人物を知るのは、人生を知ることだから、自分を知る。そして宇宙を知ることは、未来を知ること。それだけでじつはお腹いっぱい。そして心が新陳代謝するばかりか、体の細胞も代謝を始めるのだ。〝知りたい心〟はそのまま命の代謝、〝何でも調べる癖〟は、とても尊い癖なのである。

How to age beautifully 53

服はいつだって、〝着痩せする服〟を選ばないと。それがすなわち「似合う」ということ

服の買い物の時、試着室であなたは一体何を試着しているのだろう。ひょっとして、〝服が入るかどうか〟だけをチェックしてはいないだろうか？

たとえばジーンズを買う時に、28サイズのジッパーが上がったから、喜んで28を買ってはいないかということ。体がそこに入ればいいわけじゃない、それを着て〝痩《や》せて見えるかどうか〟をチェックするのが、試着だからである。とすれば、28じゃなく29を選ぶのが正しい試着。パツパツのパンツは必ず太って見えるから。少しゆとりがあるものが体自体を痩せて見せるベストサイズだからだ。

そう、あらゆる服選びは、〝着痩せする一着〟を見つけることに尽きる。正

直、実際よりも太って見える服を選ぶのは、もうオシャレとは言わない。そんな服なら要らない。それが〝似合う服〟なはずはないのだから。

もちろん、痩せすぎの人が少しふっくら見える服を選びたいという場合は話が別だけれど、でも結果としては美しいゆとりが不可欠。体が美しく見えることが何よりのオシャレで、ファッションなのだということに変わりはないのだ。

いずれにせよ、身頃も、袖丈も、スカート丈も、ウエストも、ヒップも、太ももも、どこをどうとってもちゃんとすっきり見える一着を選ぶことが、オシャレの大前提。この時、後ろ姿もちゃんと痩せて見えなければいけないからこそ、試着室はバックスタイルまで見えるようにできている。自分は自分の後ろ姿を多分二度と見ないし見られないから、ここでちゃんと見届けておくこと。

そして確実に着痩せしているか、自分では判断できないこともあるからこそ、〝本当のことを言ってくれる連れ〟がいることは、買い物の極意なのである。

How to age beautifully 54

若さのスパイラルは少しの〝筋肉〟から始まる！筋肉は気持ちさえ上向きにする

人は、何であれ〝体によいこと、よさそうなこと〟をしただけで、幸せな気持ちになれるもの。だから、ストレッチが10日ほど続けられたというだけで、かなり気持ちがよくなったりするわけだが、ある時、思いのほか長続きした腹筋運動で予想もしなかった意識改革が訪れ、じつは正直驚いている。もちろん、そこには少しだけお腹がしまった喜びも含まれているが、そういうことより、〝腹筋〟のかすかな目覚めが、信じられないほどの前向きさを生むという意外な事実に気づいたからなのだ。

その発見は、身も心もぐったり疲れていたはずの夜、ソファで体を丸めようかと思ったのも束の間、体が勝手にお掃除を始めていた時。気づいたら、気持ちも落ちていない。体も疲れていない。ソファになだれ込もうとする自分を筋肉が止めたのだ。そう言えば、最近落ち込むことがない。身も心も元気で、やたらに前向き……そう気づいたのだ。

確かに以前、ある友人も若返りの秘訣を〝少しの筋肉をつけること〟とハッキリ言っていた。ただその時は今ひとつピンとこなかったが、なるほどあれはそういう意味だったのかと、今になって腑《ふ》に落ちたのだ。

筋肉をつけると、眠い朝もベッドから驚くほどするっと起き上がれる。ソファからもすっくと立ち上がれる。落ち込んで背中を丸めようとしても、無意識に背すじがピンとして、別の何かをやり始めている。結果、体が疲れを訴えることも、心が塞ぎこむこともなくなった。心と体のストレスのほとんどを、わずかな筋肉が吸い取ってくれていたのである。

もうひとつ、母親が最近、ごくごく簡単なストレッチを始めた。まっすぐ寝た状態から片脚ずつヒザを交互に曲げて、胸の位置で抱えて10秒間×3セットというまったく簡単なもの……。すると、不思議なことにそれだけで目に見えて元気になった。いやはっきり若返ったと断言してもいい。同じように、信じられないくらい前向きになっていた。体じゅうのあちこちで休眠していた細胞が目を覚ましたのに違いないのだ。

いずれにしてもそれは〝病は気から〟の、逆。筋肉が気持ちを変える。わずかな筋肉が生き方さえ変えてしまうのはまったく胸がすくような思いだった。筋肉によって基礎代謝を高めるのは、何も痩《や》せるためだけじゃない。細胞の代謝も驚くほど高めてくれる。

まさにそれは筋肉でのアンチエイジング、そして筋肉の幸福論！

ハッピーエンドの物語は、
もちろん幸せな気持ちになれるけど、
同時に思う。この幸せはいつまで続くの?
「最近なんだか、いいことばかり」
ふとそう思った翌日くらいに、
いつも悪いことが起きるからだ。
いつもそう、本当にそうなのだ。
40代の半ば頃に、そのことに気づいて以来、
だから良いことが続くと、
むしろ身構えるようにもなった。
慢心がいちばんまずいと、
自分を戒めるようにもなった。
でもその反面、悪いことが続いても、
きっと良いことがあると
心を強く持てるようにもなっている。

How to age beautifully 56

母親を、10歳若返らせる。それが自分自身のアンチエイジングになる日

　ある年齢から、自分の母親の老け方が、にわかに気になり始めるはずだ。母親にはいつまでも若くいてほしい。それは家族として、また母親と同じDNAを宿す娘として、それに一番身近にいる〝同じ女〟としても、切に願うこと。自分自身も〝年齢〟を感じはじめているからこそ、母親の衰えが目につくようになってきたとも言えるのだ。

　そうなると尚《なお》さら、母親に自分を投影してしまう瞬間が増えてくる。だから娘は、自分ばっかり磨いていないで、自分の母親も若く美しく導いてあげるべきなのである。

たとえば一緒に買い物に行って、どこかの番組の変身コーナーみたいに、母親の改造をプロデュースする。その時、母親が一気に若返っていく時に発するエネルギーが、自分自身にも力強いパワーをくれることに気づくはず。人をキレイにすると、いろんな意味で自分に返ってくる。それが自分の母親なら尚《なお》のこと。自分の未来が明るくなるような手応えまで含めて、大量の見返りがあるものなのである。

だから、母親が明らかに10歳若く見える服を探して。ちゃんと女っぽく見えるのに、歩きやすいヒールのある靴を探して。新しい美しさを発見できるような髪型を探して。できるなら、引き締まった体を作るためのプログラムを作ってあげて。何なら一緒にジムに通い、もしくはトレーニング機器を用意して。

母親のアンチエイジングはひょっとしたら一番効果的かもしれない、自分自身のアンチエイジングとなるのだから。

How to age beautifully 57

知られざる〝ストレス解消法〟。後ろめたさを取りのぞく…

ストレスもある程度までは何も起こさない。でも一定量を超えると突如《とつじょ》体に出たりする。しかも、人より少ないと思い込んでいる人の方が、ストレスの蓄積量は多かったということも少なくない。だからコワイのがストレスなのだ。

「あれが大変、これが大変」と大げさに騒ぐ人は、実際あんまりストレスをためていない。気分屋ですぐ不機嫌になり、周囲を振り回している人は、見た目よりもストレスがない。むしろ、人を気遣う、穏やかな人の方が、じつは見えないストレスを知らず知らずためていたりするものなのだ。だからって「もっと身勝手になって人に迷惑をかけましょう」なんて無理な話。そもそも、頑張りすぎるからストレスをためる人に「頑張らなくていい」と言うのは酷《こく》。そういう人は頑張らない方がよほどストレスがたまる。〝性分〟を変えることは不可能なのだ。だから誰にでもできる具体的なストレス解消法をひとつ……。

今、後ろめたいことは何ですか？　実家にしばらく帰っていない。お世話になった人にきちんとしたお礼をしていない。あるいは押し入れの整理をずっとしていない。庭が荒れ放題。仲たがいした友だちとそのままになっている……誰にでも2つ3つはあるものだが、後ろめたさって、思い出さないようにすればするほど、じつは大きなストレスとなって胸の中にたまっていく。だから忘れたふりをしていたそれらを、あえて引っぱり出して解決するのだ。できれば2週間くらいのうちに。

ひとつでも片づけると、ストレスはすとんと減るはず。自分にはこれだけストレスがたまっていたのかと、初めて知るほど、激減を体で感じるはずなのだ。だから今できる最良のストレス解消法、試してみたい。胸にあるつかえを取りのぞくだけ。それだけでも命を救われるのが、ストレスなのである。

How to age beautifully 58

3日に一度、10%ずつ自分を変えて、〝飽きさせない女〟になる

人の目はすぐ慣れる。「美人は3日で飽きる」と言われるのも、また「久しぶりに会うとやっぱりキレイね」という誉め方があるのも、それがため。どんな美しさも日に日に感動が薄れていくものなのだ。

だからテーマは、人の目を飽きさせないこと。毎日毎日同じメイク、同じ髪型、同じようなファッションで出かけていくのでは、それがいかに〝自分らしく〟ても女はやっぱり損をする。だから上手に自分を変え続けたいのだ。

ただそうは言っても、あまりにも目まぐるしく見た目を変えると、逆に周囲を疲れさせて、これがまた逆効果。年がら年じゅう髪型を変える人、変えすぎる人

は、不思議に人の心をつかめない。印象が定まらないせいだろう。だから3日に一度ほんの10％ずつ、自分を変えて出かけてみたいのだ。

たとえば前髪の分け方を変えるだけ。アイラインの強さを変えるだけ。チークの色を変えるだけ。眉毛《まゆげ》の表情を少し変えるだけ。それだけで周囲はハッとする。大切なのは、人を驚かせることじゃない。あくまで〝ハッとさせて自分という存在に気づかせること〟なのだ。だから存在がキラめく程度の変化で十分なのだ。どんな美しさも3日で飽きられるなら、3日ごとにハッとさせることをテーマにして。

また3日に一度、ふだんは着ないタイプの服や、着たことのない色を着てみるのもいい。大変身するのじゃなく、服の食わず嫌いをやめてみる。そうやって10％の変化を心がけるうちに、自分がどんどんキレイになっていることに気づくだろう。10％変える工夫がオシャレの能力を鍛え、知らず知らず自分を磨いてくれるから。変えることが面白くなった頃には、きっと見違えている。その結果、いつ見てもキレイな、飽きさせない女へ。

How to age beautifully 59

笑わない人は衰えが早い。不機嫌に生きるとたるみが早い？

「にこやかに生きましょう！　キレイのためにも」という提案は、大昔からあった精神論。心が弾むと肌も弾む、晴れやかな心で生きると肌も透き通る……でもやがてそれは、神経系の働きによるものと証明され、癒し系の香りや極上のテクスチャーなどで、人をうっとりさせて肌をキレイにしようという化粧品も続々生まれていった。ただそれでも、ピンと来ない人は多かったと思う。なぜ、〝にこやか〟に暮らすとキレイになれるのか？　感覚的には、よくわかる。だからと言って、1分に1回〝口角を上げてみる〟みたいな心がけは、いっこうに身につかない。

でもある時、ハッとした。たまたま家族も留守で、ほぼ3日間、誰とも口をきかない日が続いたあと、顔がこわばってなかなか笑顔になれないことに気づいたから。運動不足だと、体が硬くなり、動きも鈍くなる。屈伸《くっしん》しようとすると体が痛む、そんな感じ。昔、マナーの専門家が「不平顔で暮らしていると、人間老けますしね」と、さらりと言ったことが思い出された。

そもそも不機嫌な顔は、表情がほとんど動かない。無表情の下で、顔の筋肉はしだいにこわばり、石のように鈍感になっていく。だから笑顔を作らなくなると、さらにもっと笑顔を作れなくなるのだ。

そこに年齢による衰えが加われば、なおさら筋肉のあちこちに不平顔の〝下向き〟ベクトルがはりついたまま固まっていってしまう。重力によるたるみに加え、その下向きが拍車をかけてしまうのはわかるはず。不平顔が実年齢よりも老けやすく、顔が下向きにたるんでいくのは、たぶんそれが原因なのだ。

逆に笑顔の人は常にストレッチしているのと同じ。顔の筋肉が柔軟で、しかもバネもある。仮に不平顔になっても、一瞬で笑顔に戻れて、必然的にたるまない。血行もよくなるから、いつまでも若々しい。人間って本当に上手につくられている。いつも人と向き合い、笑い合って生きていると、歳をとらず、上向きの美しい顔で生きられて、だからまた周りに人を呼び寄せ、もっと人生に喜びを感じてにこやかに生きるというスパイラルが生まれるのだから。

そしてもうひとつ、笑うことで活性化するのは、免疫力を高めて、がん細胞などを攻撃するナチュラルキラー細胞。不思議なことに、口角をただ上げておくだけで、この効果が生まれてしまうという。それは、口角を上げることが気持ちを晴れやかにし、愉快にしてしまう証《あかし》だ。まるで、にこやかさへのご褒美のように。

人間の体とは、何と神秘的なのだろう。まさしく神の作品である。

How to age beautifully 60

「幸せは自分が幸せかどうか問わないことを言う」
「幸せのピークは不幸の始まり。
だって幸せの比較でしかないから」
「自分が幸せかどうかは、
死ぬまでわからないと知っておく」
「不幸な人は希望を持て。
幸せな人は用心せよ」
「幸せの話をこれほどまでに
聞かされていなかったら、
人間はもっと幸せだっただろう」
「幸せはまず何より、健康の中にある」……
そういう〝幸せ〟の意外な定義を、
たくさん知ることが、
幸せな人生を送る、いちばんの近道なのである。

How to
age beautifully 61

「〝ブランド物〟が好き」ではなく、「〝このブランド〟が好き」。そこに、大人の知性がにじみ出る

今の20代は、ブランド物にあまり興味がないそうである。30代も40代も、欲しいけれど何が何でも、という感じでは無い。やはり〝ブランド物好き〟と言えば、昔のバブル世代、まさに今の50代なのだろう。

それこそ、学生の頃から大きく背伸びし、ブランド物を必死で身につけてきた世代だが、ようやく今、一流ブランドの服や小物が本当の意味で似合う年齢になってきたとも言える。だからこそ、ブランドと正しく向き合い直したいのだ。

結論から言うならば、正しく向き合うなら、ブランド物がいくら好きでも、「ブランド物」という括《くく》りをやめる。どのブランドがどう好きなのか？　という

ふうに、「好き」の理由を変えたいのだ。

もちろん、何をどう好きになろうと勝手、でもブランドって、良くも悪くも〝洗練〟を大きく左右してしまうから、オシャレをしたつもりが逆に野暮に見えたりするのも、今もまったく変わらない。もう昔のように〝ブランド至上主義〟が問題になることもないけれど、それだけに〝ブランド遣い〟がこなれていないと、知性ある大人に見えないのだ。

だからこう考えてみてほしい。もともと持ち物全てがブランド物だったらどうだろうと……。「ブランド物が好き」とはならないはず。「どのブランドが大好きなのか？」という次元でモノ選びするはず。もう、若い頃のようにブランド物をありがたがる時代でも、ブランドを崇める年齢でもない。「良いものは良い」が、そこにもやっぱりピンからキリまであるからこそ、「ブランド物」と括るのはもうやめ、ブランドそれぞれの個性を見つめて、ブランドを〝固有名詞〟で選ぶ。でないと洗練は生まれない。知的に見えない。だから改めてもう一度ブランドを評価し直したい。大人の洗練と知性の証明のために。

How to age beautifully 62

「面倒くさい」こそキレイの大敵。億劫になったらサプリを飲む

キレイな人とキレイじゃない人の差。イキイキしている人とイキイキしていない人の差。そこにあるのが何なのか、時々イチから考えてみる。答えはひとつじゃないが、決定的なのは〝何事も面倒くさがらずにやるかどうか〟。たとえば〝出した物をしまうこと〟を億劫《おっくう》がらずにやるかどうか。とても些細《ささい》なことに思えるが、その差はとてつもなく大きいのだ。化粧するのが面倒。出かけるのが面倒。人と会うのも面倒。そういうことの積み重ねで、たまに生きていくことまで面倒になったりしないとも限らない。だから女は、物事を億劫がってはいけないのだ。

でもそれが、生まれ持った性格だからどうにもならないという人もいるだろ

う。ただ年齢を気にしはじめた時、億劫はそのまま衰えになる。だから意識して何事も億劫がらずに。それ自体がアンチエイジングと考えて。大丈夫、日々の小さな心がけは〝習慣にする〟と生き方が変わり、やがて人格まで変わる。つまり生まれ持った性格も変えられるから。

もうひとつの方法がサプリの力を借りること。「目覚めが良くなる」とされるサプリを飲むことなのだ。ビタミン、コエンザイムQ10、DHA、マカ……朝すぐにベッドから出られることは細胞のエネルギーが高まった証《あかし》。すると不思議。習いごとをしたり、ごちそうで人をもてなしたり、インテリアを替えたり、旅を企画したり、ボランティアを始めたり……。そういうことがひとつも苦にならなくなる。結果日々が充実して、やがてしみじみ自らを幸せと思えるようになるはずなのだ。

友人も予定も趣味もたくさん、家の中も自分自身もピカピカ。それは紛れもなく億劫がらない人だけが手に入れられる幸せの形。何も億劫がらない人から生活が整い、自分が整い、人生も整って幸せになっていくのである。

How to age beautifully

63

街で知り合いと遭遇、とっさに気づかないふりをするのは、衰えの始まり

きっと誰にでもあるのだろう。街で偶然、知り合いの姿を見つけた時、とっさに気づかないふりをしてしまうこと。言わばひとつの〝賭《か》け〟で、気づかれてしまったらその時はその時。ともかく目を合わさぬよう、目立たぬよう、そっと通り過ぎる……。

もちろん、相手の方に問題がある場合も少なくない。一度話し始めると止まらない人。話をするたび必ず〝嫌みなひと言〟を残していく人。どこかで自分の悪口を言っている人……そういう相手からは確かに姿を隠したい。気づかないふりは得策だけれど、でも〝自分自身に問題のある場合〟は、どうなのだろう。

とっさに身を隠すのは、言うまでもなく、いろんな意味で〝後ろめたさ〟があるから。不義理をしている後ろめたさ。〝見た目〟への後ろめたさ。そして〝今の自分〟への後ろめたさ。人生丸ごとへの後ろめたさ……。私の場合はどれだろうと、根っこにある原因をいちいち明らかにしてほしい。でないと、人は知らず知らず、くすんでいってしまうから。おそらくそれは、自分自身も見て見ないふりをしている負の要素。まずはそういうネガティブが自分の中に住んでいることをちゃんと自覚したい。放っておくと、自然に増殖してしまいかねないから。

逆を言えば、どんな場面でも自分から声をかけて、にこやかな挨拶ができる人って、身も心も人生も、どこにも〝負〟がない人。いや、あったとしても、ちゃんと前向きに改善しつつある人。もうそれだけで溌剌《はつらつ》として見える。だから人にばったり会うたび、好感度を増していける人なのだ。逆にとっさに身を隠すのは、下降線をたどっている証《あかし》、その下向きが後ろめたい証だ。さあ、あなたはどうだろう。街で自分から声をかけられるくらい、上向きの人生を生きているだろうか。ひとつ確かなのは、気づかぬふりをしたこと、向こうはほぼ気づいている。

How to age beautifully 64

クローゼットが片づかない人は、片づけようとするから失敗する。まず上質な定番服を買い直す

いわゆる〝断捨離《だんしゃり》〟ができずに、悶々《もんもん》としている人に言いたい。あるいはまたクローゼットの中が片づかなくて片づかなくて、散らかる一方の人に伝えたい。「ずばり、〝先に片づけよう〟とするから失敗するのです！」と……。だから、まずはこうしてほしい。〝本当に上質な定番服〟を買い直してほしいのだ。すでに同じようなものを何着か持っているアイテムでも、あらためて買い直すのだ。

そんな無茶な。むしろ物を減らしたいのに、さらに買っちゃうの？　と首をかしげるだろう。でも重要なのは、捨てたくてもなかなか捨てられない、片づけた

くてもなかなか腰があがらない、その重い腰をあげさせること。そのために必要な買い物、それが上質な定番服なのだ。

ともかくなるべく上等で、できるだけ高価で、とことん定番な服を選ぶのがカギ。たとえば黒のカシミアのタートルネック、キャメルのトレンチコート、形の美しい白いパンツ……つまり長く長く長く着られる服を、確信を持って探してほしいのだ。そういう〝上質の超定番服〟を買うと、何だか無性に生活を整えたくなる。きちんと生き直したくなる。すると要らないものを本気で捨てたいというエネルギーが見事に湧いてきて、重い腰がすっとあがってしまうのだ。

しかも、すでに持っていた〝同じような服〟を思い切り捨てられる。すなわちそれは、自分をひとつ上の女に引きあげる行為に他ならないのだ。格上の服を買い、格下の服を捨てることで、自分をいきなりリセットさせることに他ならないのだ。

できれば40代50代で買い直しに挑んでほしい。とたんに人生を整理整頓したくなるはずだから。

How to age beautifully 65

自分は完成したと思ったとたん、老化が始まる。だから、学ぶことが、若返ること

デキる人ほど、こう言う。「キャリアを積めば積むほど、自分が未熟に思えて、コワくなる」。でも普通は逆。歳を重ねるほど、キャリアを積むほどに当然のように自信を深め、だから必然的に頑なになっていき、他人の意見をあまり聞かなくなっていく。今まで積みあげてきた自分を否定されたくないからである。

でもそうして、知らず知らず耳をふさいでしまうと、いよいよ自分はもう〝完成〟してしまったのだと思いがち。人間の老化はそこから始まる。体では成長とスイッチするように老化が始まるが、意識の上でも、もう完成と思った時点から老化が始まる。だからこそ、歳を重ねるほどに〝新たに学ぶ〟という姿勢が人に

は必要なのである。

どんな教室でもセミナーでもいい。大学に戻るのでも、単なるトレーニングでもいい。でもできるなら〝通信教育〟でなく、ちゃんと先生がいる場所で生徒になりたい。なぜならここで重要なのは、自分よりも優れた人の知識や才能に対して、ちゃんと心を動かし敬意を表することだから。まさしく「実るほど頭の下がる稲穂かな」で、文字通り、学問や徳を深めていくほど、逆に人間、謙虚になっていくというこの法則は、こういう時にこそ思い出すべきだからである。

実年齢より若い人は、いい意味で完成していないはず。だからちゃんと新しいことを吸収していける。人にも感心できる。この人ってすごい、あの人ってすごい、自分もああなりたいと、子供のように素直に思えること、それが〝成長ホルモン〟を再び刺激。それもまた立派な若返りなのである。ともかく自分より優れた人とすすんで関わっていくこと。そして謙虚に学ぶこと。必ず、若さが目を覚ます。

How to age beautifully 66

〝仲良し〟同士で、お互いの趣味に誘い合う。〝掛け算〟の友人関係は、キレイに効く

たとえば、ロックファンと宝塚ファン、そして相撲ファンが仲良くなったとしよう。私たち〝趣味〟は見事に合わないのにねーと、笑い合うのが普通なのだろうけれど、逆にそれを自分たちの〝奥ゆき〟にしてしまう方法があった。

ある仲良し5人組は、それぞれが〝自分の趣味にみんなを招待する〟という、持ち回りの趣味ツアーを試みているのだとか。それこそ宝塚のファンはみんなの分のチケットを取って、その日までに〝見どころ〟や〝宝塚ファンのお作法〟、〝ご贔屓《ひいき》の見つけ方〟などをレクチャーしていく。相撲ファンもまた同じように、みんなの分の席を取り、魅力やしきたりを伝授する。

それぞれが一年がかり。もちろん、そこまでしても、一回きりで終わってしまうことだってあるのだろう。でも、それでいいのだ。大人になってからの〝社会科見学〟。視野を広げるという意味では、掛け替えのない経験になったはずだから。歳をとるほどに感受性も筋肉みたいにこわばってきて、食わず嫌いも多くなる。そのこわばりをほぐしてあげるだけでも、ひとつのアンチエイジングになる。使っていない感性を使うだけでも、心のマッサージになるはずなのだ。

一方で、自分の趣味に友だちを招待するプレゼンも、大変な高揚感をもたらすもの。自分の世界に人を招き入れ、共感を得られる喜びは掛け替えのないものだから。趣味をそうやって究めると、右脳と左脳、両方の活性になるわけだ。

女も最近は男たちのように、同じ趣味を持つ人との友人関係に、より大きな喜びを感じていると言われる。それは、今までの女同士にありがちだった、噂話や悪口を持ち寄る友人関係より、100倍健全。趣味持ち回りツアー、ぜひトライしてみてほしい。

How to age beautifully 67

節電こそアンチエイジング？汗かきは、歳をとらない。体内が浄化されるから

日本人は我慢強い……国をあげて〝節電の夏〟となった2011年、あらためてそう思った。でもそれは、期せずしてひとつの警告となる。汗をかかない日本人に対しての。たとえば岩盤浴《がんばんよく》のようにサラサラの汗を出す手段そのものがブームになったりするのは、汗の出ない時代の象徴。しかも、このところ年々、汗が出ない人が増えていた。

もちろん、汗は女にとって〝化粧くずれ〟と〝脇のシミ〟、〝見苦しさ〟と〝におい〟を生む厄介なもの。しかも単なる排出物ではなく、悪い汗は必要な塩分やミネラルをも放出してしまう。熱中症の問題もあり、いたずらに汗かきを奨励《しょうれい》

はできないが、いい汗をかけば代謝も高まって痩《や》せやすい体になり、体内も浄化されて免疫力も高めることになるのは紛れもない事実。それどころか、汗かきの方が基本的に肌も若く、歳をとらないとさえ言われる。確かに塩分濃度の低い、サラサラの汗が皮脂と混ざり合ってできる皮脂膜は、天然のクリームとしても上質だ。

ちなみに、より良い汗をかくにはやっぱり体を動かしながら汗を出すのがベストであり、たとえば日常の家事を節電の中でやるのは、それ自体が自然なアンチエイジングになるということ。人間の歴史には最近まで、〝汗をかきましょう〟という提案などあまり例がなく、逆を言えばこれも、エアコンに慣れきって夏も汗をかかなくなったことへのひとつの警告なのである。人間の体にも、一種の〝異常気象〟が起きていることを肝《きも》に銘じるべき。

さらに言うなら、日本人は日本人の美徳である〝我慢する性分〟を思い出すだけでなく、ここで不便だった時代の効用を体で思い出さなきゃいけないのかもしれない。いろんな意味で、気づきと学びの多い夏だった。

How to age beautifully 68

自分を甘やかさない手っ取り早い方法は、毎年、水着を買うこと

あなたは毎年、水着を買っているだろうか？　水着を着るのはもう億劫《おっくう》でという人、着たくたって体型的に無理という人。ましてや水着なんてもう何年も着ていないという人がいたら聞いてほしい。水着は毎年必ず着るべきだし、できるものなら毎年、新しい水着を買い続けるべき。一度着なくなると、もう永久に着られなくなる。すると女の体は、タガが外れたようにみるみる緩んでいき、ある種、取り返しがつかなくなる。だから水着は休んではいけないのだ。

そもそも水着が億劫になるのは、日頃、見て見ぬふりをしている体型の変化を、まずは自分自身に思い知らせることになるから。不思議なもので、〝裸の

体〟や〝下着姿〟では鏡に映らないものが、水着を着ると見えてくる。それも、水着それ自体が〝女の体〟をくっきり浮き彫りにするつくりになっているからなのだ。つまり水着を着続けないと、体が〝女の体〟でなくなり、衰えをいたずらに加速させてしまう。体型のみならず、印象年齢の老化も早めてしまうのだ。

言うまでもなく〝競泳水着〟じゃない〝今年のトレンド水着〟を買ってほしい。というのも、着慣れた水着に逃げ込むのじゃなく、新しい水着を緊張感をもって身につけてこそ、体のすみずみにまで神経が行き届き、全身に〝女の自覚〟が行き渡るから。自分の体を見つめ直すことができるから。

幸い最近のトレンドは、ハイレグじゃなく、比較的オーソドックスでむしろ体型をカバーするデザインが主流。露出も少ないクラシックなワンピースタイプも復活している。水着をしばらく休んでいた人も、臆せずに着てほしい。自分を甘やかさない、いちばん効率の良い方法である。

How to age beautifully 69

〝怒り〟を一刻も早く消す、それもアンチエイジング。だから大切な怒りの〝しまい方〟

生きていく上で、大きな重しになってくるのが〝怒り〟。人と関わっていく以上、避けられないからこそ、いつの間にか手かせ足かせになっている。怒りを持たずに生きていけたら、どんなに楽だろう。何より、〝怒り＝重度のストレス〟と言ってよく、だからいつも怒っている人は、衰えが早いのだ。そういう意味でも、心の中に怒りをとどめる時間を〝少しでも短くする努力〟をしたいもの。

怒りは、「夜が明けるまでに片付けてしまうこと」という教えがあるが、意外にも早くダメージをもたらすストレスの影響を考えると、夜明けまででも長過ぎる。携帯時間は短いほど良いのだ。だから、〝怒りのしまい方〟をきちんとマスターしておくべき。小さな怒りを巻き込んでどんどん増幅させないため。

例えば、こういうこと。怒りを感じた瞬間、それを〝言葉にして口の中だけで言ってみる〟。ともかく一度、言葉に換えないと、怒りは脳の中で暴れまわる。どんな暴言でも構わないから、はっきりと言葉にし、声にせずに言ってみる。自分にだけ聞こえる言葉を聞くと、必ず少し怒りが収まるはずだから。まさかそんな言葉を相手に吐けるわけがないと、自らを説得できるからなのだ。

そのタイミングを逃して家に怒りを持ち帰ってしまった場合は、相手への怒りのコメントを手紙やメールに書いてみる。もちろん〝下書き〟として。そして出さない。書いただけで、少なからず心が落ち着くから。まさかこんな手紙を相手に見せられるはずがないと、自分を説得できるから。

言い換えれば、ここで言葉をのみ込んだり、下書きで止めたりできる人は、要するに〝怒りを相手にぶつけた途端に後悔する人〟、だから絶対そうしなきゃいけないのだ。怒りを相手にぶちまけて心から〝せいせい〟できる人ではないのだから。

How to age beautifully 70

キレイな人に目をみはる、それは効果抜群のショック療法

これは自分自身の経験。50代にさしかかる頃だったか、なんだか急に肌が衰えてきたのを感じて、すっかり落ち込み、〝なるほど人はこうやって衰えるのか〟、〝それなりの年齢になれば、ちゃんと衰えるのだ〟と妙に納得をしたものだった。言ってみれば、その時点でもう歳であることを自覚し、受け入れてしまったのだ。

でもそんな頃、昔のクラスメートにバッタリ出会い、その人の美しさに目をみはった。今さらその人と張り合う気持ちなどはサラサラないけれど、ちょっと目が覚めたのは確か。なんだかこのまま老いていってはいけない気がして、半分〝本能的〟に、必死で美容をやり直していた。メイクも今までになく、本気でや

ってみた。

するとどうだろう。肌も印象年齢も、自分でも驚くくらいに大きく戻っていたのだ。

これはある意味の〝ショック療法〟。たとえばだけれど、別れた恋人がびっくりするほど美しい女性と連れ立って歩いているのを見かけたら、やっぱり少なからずショックだろう。でもそこで、何かこのままじゃいけないと、女として目が覚めてしまうのは、とても良いショック療法であると思うのだ。

ただのジェラシーや、ただの自信喪失で、終わってしまってはまったく意味がないが、そっちへ行かずに、受けた衝撃をそっくり自分自身が立ち上がるエネルギーに変換できたら理想的。時々はそういうショックを受けるべきなのかもしれない。

ちなみに、キレイのショック療法は、やはり自分の目で見て、目をみはった時に生まれる効果。自分の目で驚くほど美しい人を見ること。とても単純な集中美容である。

How to age beautifully 71

人は忙しくないと歳をとる。でも無口になるほど忙しいと、もっと歳をとる

一国の〝国力〟を弱めていくことになるかもしれないとすら言われるもののひとつに、若い人の〝面倒くさい〟という感情がある。今の日本の若者が、留学を含めて海外にあまり行きたがらず、恋愛もあまりしないのは、ひとえに〝面倒だから〟。忙しいのはイヤだから正社員になりたがらないという人がいるのも、由々しき問題。〝面倒くさい〟がエネルギーを蝕《むしば》み、心と体のヒマが、さらにもっと人間の力を低下させるからである。

「忙しい、忙しい」と、いつ会っても忙しがっている人は、間違いなくエネルギッシュ。そして見た目にも若い。人は忙しい分だけエネルギーや若さを生み出す

生き物なのだ。でも忙しさにも、良い忙しさと悪い忙しさがある。これはもうハッキリと。

くたくたでも、心地良い疲れが残る忙しさは、良い忙しさ。でも逆に、嫌な疲れだけが残っていく悪い忙しさもあって、こちらの方は不思議なことに、「忙しい、忙しい」という〝つぶやき〟も出てこない。エネルギーが生まれていない証拠である。報われない、先のない、希望に繋がらない忙しさって、ストレスを積み上げるだけで、新たな力を生まないのだ。体だけひどく忙しいのに、心が空白なままだと嫌な疲れしか残らないのだ。だからその忙しさを腹立たしく思うようなら、やっぱり少しでも生活を変えたい。もっと心地良い忙しさへ、シフトしないと命が削られるだけ。人生がもったいないと思う。

〝体質的に忙しいのが苦手〟な人は事実いるが、心と体が両方ともヒマなのはいけない。エンジンが止まり、錆《さ》びてしまうから。でも、体だけが忙しいのもダメ。自分に合わない忙しさ、自分を無口にする忙しさは、改善すべきなのである。若さと未来のために。

How to
age beautifully
72

あなたはいつも30%しか笑っていない？ 80%の笑顔になると人生が変わる

誰でもいい。誰かの顔を頭の中で思い浮かべてほしい。その顔は、笑顔だろうか？ それとも不機嫌な顔だろうか？ 中には、どうしても笑顔が思い出せない人もいる。人は他人の記憶の中に、だいたいいつも同じ顔で保存されているのだ。その顔こそが、その人のイメージ。

じゃあ、自分自身の場合はどうなのだろう。ふだん無意識に相手に向けている〝基本の顔〟は、他者の記憶の中に、一体どんなふうに保存されているのか。自分では〝いい人〟のつもりで生きていても、現実には〝不機嫌な人〟として記憶されている可能性だってあるわけで、ならばやっぱり笑顔を思い出される人になりたい。

道で知り合いにばったり会った時、もちろんあなたはちゃんとにこやかに「こんにちは」を言っているつもり。だからあとでその相手が「あの人、何だか元気なかった」と、あなたのことを噂しているなんて、きっと想像できないはず。でもひょっとしたら、今日会った人からも「元気がなかった」と言われているかもしれないのだ。

でもなぜ？〝にこやか〟のつもりが、実際はあまり〝にこやか〟になっていないから。自分では笑っているつもりでも、顔が笑っていないから。目が笑っていないという表現もあるように、人は自分の笑顔についてあまり自覚がないのだ。

日本語には〝満面の笑み〟から〝薄笑い〟までの言葉がある通り、人の笑顔も一部分しか使わない小さなものから、全体を使った大きなものまで、さまざまなレベルがある。ところが人はそのこと自体を日頃忘れがち。少なくとも道で知り合いにばったり会った時に、とっさに出てくる〝笑顔〟に一体何％の笑顔だったかという自覚はあまりないはず。自分にとっての基準の笑顔が、自動的に出てくるだけ。じつはその基準が30％以下の、〝にこやか〟まで到達していない人が少なくないのだ。一応顔の筋肉は動かしているつもりでも、人の目ににこやかに見えなければ意味がない。鏡を見てつくった明らかな〝にこやか〟を、改めて顔に覚えさせてほしいのだ。

だから、できれば80％以上の笑顔を覚えさせたい。出会った瞬間、相手があなたを「元気そう、幸せそう、いい人そう」と思い、たちまち好きになるような笑顔は最低80％を超えないと。満面の笑みにはそのくらいのパワーがある。印象を１８０度変えてしまうほど。

人と会った瞬間、思い切って80％超えの笑顔になる……それだけで自分を輝かせ、相手を魅了すること、覚えておきたい。だからもっときちんと、大きな笑顔を。

How to age beautifully 73

家にいる自分を、あなたは大切にしているだろうか?
外に出かける自分にばかり手間とお金をかけて、
家にいる自分をぞんざいに取り扱うと、
それが〝ガサツな女〟をつくってしまう原因に。
ちょっとした仕草や立《た》ち居《い》振《ふ》る舞《ま》いの美しさって、
結局のところ、誰も見ていない家で、
どう過ごしているかで決まってくるのだ。
とりあえずは、美しい部屋着と上等なバスローブを買ってほしい。
きれいで履きやすい部屋履きも欲しい。
家でもメイクしましょうとは言わないが、
要はいつ誰が訪ねて来ても、
とりあえず恥ずかしくない自分で日常を過ごすこと。
それが〝エレガント〟が育つ最短の方法なのである。

How to age beautifully 74

センスの良い人に見られたいなら、〝地味なのに派手〟を目指す

センスの良さは、どんな美しさにも勝る……そう言ってしまっていいと思う。少なくとも50歳を過ぎたら、美貌よりセンスの方が、ずっと目を惹《ひ》く。〝若く見える人〟より、〝センスのある人〟の方が尊敬される。何よりセンスは一生涯、それこそ100歳だって素敵に見せる力を持っているのだから。女は何が何でもセンスを磨いておくべきなのだ。

確かにセンスは才能。もちろん簡単に身につくものではない。でも、今日からでもセンスの良い人に見える方法を1つご紹介しよう。一見、地味。なのに着ると派手に見える装いを探すのだ。

地味なのに派手？　どういうこと？　極端な話、喪服はいわばこの世で一番地味な服、のはずだが、実はきっちり目立ち、着方によっては派手にすら見える。もちろん喪服は喪服だけれども、地味だけど派手ってつまりそういうことなのだ。ハンガーにかかっているときは、なんでもない服なのに、着てみるとハッとする。またアクセサリー1個で俄然《がぜん》華やかになる……そういう地味派手を選べること、それが即ちセンスだから。例えば、デザインはごくごく普通。色もグレーだったり。でも生地《きじ》も仕立ても上質な服は、それこそ一見地味でも、すごく派手。そう、逆を言うなら、デザインや色が派手でも、生地や仕立てが安っぽいと、ただの地味。これは大人が一番手を出しちゃいけないパターンである。

ちなみに、〝清楚なのにセクシー〟みたいに、相反する2つの要素を組み合わせることが、センスの肝《きも》であるのも、また同じ理由。服を買うとき、そこをきちんと見てほしい。両極にある2つの要素が、ちゃんと一つの服に融合しているか？

要は、地味な服を着てもいちいち派手に見える人が、この世で一番素敵……そこに挑んでみてほしいのである。

How to age beautifully 75

出合い頭の感情、「あなたと会えて良かった」と思うだけの〝若返り〟

異性からも同性からも本当に愛される友人がいる。美しく知的な人だけれど、それ以上に、彼女は会うたびに、会ったことを「嬉しい」と言ってくれる人。おそらくはそれが愛される理由である。

考えてみると、英語には圧倒的な常套句《じょうとうく》としての"Nice to meet you."や、"Nice to see you."があって、その一言とともに握手やハグをすれば大なり小なりお互い〝嬉しくなる〟もの。でも日本語にはそれに当たる挨拶はなく、どうしても「久しぶり」の後、〝今日の天気の話〟に流れたりして、喜びを表現しにくい。

だからこそよけいに、人の印象は〝会った時の喜び〟の大きさや形で半分以上決まってしまうのだ。もともと人の印象は不確定で、〝感じの悪い人〟が、街でばったり会って言葉を交わしたら、じつに〝いい人〟だったりすることもあるように、一瞬で変わるもの。だからこそ、出合い頭の感情が何より大事なのである。

ともかく「会えて嬉しい」「会えて良かった」と心で思うこと。すると不思議なほど表情が美しくなる。目がキラキラ、印象年齢が一気に5歳10歳若くなる。まさに気は持ちよう。心の向きを人と会うたび上向きにする心がけで、やがてとても素直に言葉でも「嬉しい」と言えるようになり、気がつくと、人と会うたびに「きれいになった」「若くなった」と言われるようになっているはずなのだ。

もちろん会いたくない相手もいるだろう。ただ〝会いたくない人だらけ〟になると人は必ず存在がよどみ、印象が悪くなる。だから人の印象はいつもそうした出会いの瞬間に作られると心得て、人との出会いはいつも「一期一会《いちごいちえ》」と思うこと。もう二度と会わない人かもしれないのだから、誰であっても人と会うことを「人生の喜び」と思うこと。それも重要な美容として。

How to age beautifully 76

〝今年の宿題〟を3つ用意して自らに課すという年頭美容

子供の頃は、半ば強制的に〝今年の抱負〟を何かに書かされた。「今年こそ、遅刻をなくす」とか「今年こそ、英検をとる」とか、あるいはまた「今年こそ、嘘をつかない」みたいなことまで、ともかく無理やり〝目標〟をしぼり出したものだった。それが、大人になってからは、当然のこととして〝抱負〟など頭をかすりもしなくなる。

でも中にはこんな人がいた。年頭に〝抱負〟を書いて、カレンダーの全ページに12個も、その言葉を書き記しておくのが、すっかり習慣になっているという人が。年中、それを目にしているうちに、クリアしないと気がすまないほどに本気になり、今やもう〝抱負〟無しでは生きていけないくらい。それが生きる上での軸にすらなっているというのだ。

確かに大人はみんな、年末になると一年の短さと、〝何もせずに一年を過ごした不甲斐《ふがい》なさ〟に呆然とする。それって、自分に期限つきの宿題を出さないからなのではないかと思うのだ。自分はこの一年で何をするのか？　一年で何ができるのか？　それを年頭に決めておくと、確かにその一年は心のハリが違う。年の終わりに空しさを感じない。何より次々課題がクリアされるから、しだいに人生の儚《はかな》さも感じなくなるはずなのだ。

「今年こそ整理整頓！」「今年こそ親孝行」「今年こそ恋をする」「今年こそ3キロ痩《や》せる」。どんな課題でもいいのだ。ともかく。だから、3つは自らに宿題を与えよう。たとえば家のことと、家族のこと、自分自身のことでひとつずつ、合計3つ。子供のように素直に向き合った時、〝今年の抱負〟は、人生充実の見事なテクニックとなるはずだから。

How to age beautifully 77

〃道具から入る〃は人生を面白くする絶対のコツである

私たち人間はひどく単純にできていて、たとえば〃お洒落なレインシューズ〃を買うと、大嫌いだったはずの〃雨の日〃が、がぜん待ち遠しくなってしまったりする。〃道具から入る〃という言葉があるが、道具にヤル気や向き合う力をもらえる場面って本当にたくさんあって、道具はまったく侮れない。〃道具を揃《そろ》える〃ことは、言ってみれば行動エネルギーを生む絶対のコツなのだ。

言うまでもなく、〃道具から入る〃には、趣味全般で〃まだ技術が伴わないうちから道具ばかりいっぱしに揃えてしまうこと〃を揶揄《やゆ》するニュアンスがあるが、でも逆に道具に技を教わり、醍醐味《だいごみ》を教わることも少なくないから、あえて道具からその世界に入っていくという趣味の始め方は〝あり〟なのだ。むしろまずは道具、と考えていい。〝途中で投げ出せない〟よう自分を追い込むためではなく、あくまで早々と奥義《おうぎ》を知るためにこそ、じつはいきなり良い道具と出合っておくべきなのだ。

たとえば、良い料理道具を買うと料理が楽しくなり、上手になり、必ず料理が趣味になる。奇しくも今、〝道具〟それ自体の進化がめざましく、だから尚《なお》さら道具が人を育てる時代。一台のミキサーを買ったことがきっかけで、料理研究家になった人がいる。インテリアとしてイーゼルを買ったことがきっかけで、大学に入り直して油絵を学んでいる人がいる。ゴルフ道具を一式揃えたことがきっかけで、ゴルフ仲間と結婚した人がいる。

いや、そういうことも含めて、道具は人生を知らず知らず切り開いてくれるのだ。道が自然にできて、思いがけないところまで体が持っていかれる。人生が面白くなる。どんどん人生が濃厚になっていく。だから、まず道具。この際、思い切って道具から入ってしまおう。

How to age beautifully 78

〝生きがい〟代わりの小さな感情。喜怒哀楽のどれかを1日1個ずつ!!

「あなたの生きがいは何ですか?」と聞かれても、即座に答えを返せる人はそう多くないはずだ。そして少々意地悪なことを言えば、たとえ今「仕事が生きがい」「子供が生きがい」と言えても、仕事は時とともに関わり方が変わっていくし、子供も大きくなれば手もとを離れていく。つまり、〝生きがい〟の多くは一生ものとは言えない。だからむしろ、人は人生を折り返すあたりから、もっと手軽に日々小さな〝生きがい〟を積み重ねていくようなテクニックを身につけておくべきなのだ。

もちろん正真正銘、何より大切な一生ものの趣味があるならばそれがベストだが、うまくそういう生きがいと出合えない人もたくさんいる。だから覚えておいてほしいのが、〝喜怒哀楽〟という日々の小さな感情が生きる気力に変わること。誰かに「キレイ」と誉められたり、「ありがとう」と感謝されたりすること、そして誰かと「楽しかったね」と言いあうことが、気がつけば「生きる張り合い＝生きがい」になっていくのは何となくわかるはず。でもなぜ「喜怒哀楽」の「怒」も「哀」も？　と思うだろう。もちろん、すべての怒りや哀しみが生きる気概に変わるわけではない。ただ少なくとも〝正義感による怒り〟や、〝愛ある人だからこそ感じる哀しみ〟は、そのまま生きるエネルギーへと変わるはずなのだ。

どういうことかと言うなら、ニュースを見て怒りを感じたり、悲劇的なドラマやドキュメンタリーを見て涙を流したりすることは、喜びや快楽とは違ったベクトルで〝生きていく意味〟を教えてくれる。細胞を生き生きさせ、自分が生きていく意味もクリアにしてくれるのだ。だから喜怒哀楽のどれかを1日1個ずつ。もちろんその感情が誰かと共有できればもっといいが、大切なのは心が動くこと。自ら心を動かす日々を送ろう。生き生きと力強く生きるため‼

化粧品が〝高いものほどよく効く〟は本当。でも安いものが効くと、3倍効く!?

食品も今や、〝とりわけ高いものから売れていく〟という時代。それは、価格だけちゃっかり高いなんて許されないという、メーカーと消費者の無言の信頼関係ができあがっているからこそなのだ。化粧品も同じ。〝高いものほどよく効く〟は本当で、確かに昔は、高級感だけで高価格をつけるケースはあったはずだが、今は希少性の高い高価な成分をふんだんに配合したこと、また最先端の研究開発を反映した故の高価格なのだ。だから今こそ本当に〝高いものほど効く〟と考えてもいいのである。

ただ化粧品の場合、何割かは〝暗示効果〟であることが、科学的にも証明されている。つまり、〝効くと思えば効く〟。実際にただの水を〝化粧水ボトル〟に入れておくと、それで潤った、そして効いたと満足する人が少なくない、との研究結果もあり、〝高価なもの〟には、その分の暗示効果も具体的に期待していいのだ。

とすれば化粧品は、安すぎるとそれだけで〝効く気がしない〟という逆の作用も生まれそうだが、むしろこういう見方もある。たった1000円の化粧水で、もし明快に肌が美しくなったら、期待をしていなかった分だけ喜びは3倍にもなり、細胞まで喜んでその分キレイになったりはしないかという。そう、確かに廉価品《れんかひん》なら惜しみなく、たっぷりたっぷり使えるからこそ効いてしまうことは間違いなくあるはずなのだ。

もちろんお金をかけずにキレイになれるのなら、それに越したことはないし、何というか、高級品では決して得られない達成感があるもの。だからできれば、高級品と廉価品をあえて両方買う。中途半端な価格のものでは味わえない暗示効果を、どうかムダにしないで。

How to age beautifully 80

一日でいちばん心穏やかにいるべきは、身繕いの〝わずかな時間〟である

人の〝仕上がり〟は毎日違う。例えば髪型がうまくスタイリングできなかった日は、まさしく〝仕上がり〟が芳《かんば》しくない日。なんとなく一日中気持ちが上がらず、仕事が終わったら、あるいは用を済ませたら、とっとと家に帰ろうと思うのだろう。逆に髪型もメイクもオシャレも見事に決まった日は、もったいなくて、まっすぐ家に帰る気にならない。誰かにその上等な仕上がりを見てもらいたいと思う健気《けなげ》な女心がそこにあるのだ。

いやそれどころか、うまく仕上がった日は、一日中どんな場面でも胸を張っていられる。うまく仕上がらなかった日は、なんとなく人目を避けるように急いで

一日を終えてしまおうと思うのに。だから思うのだ。〝一日の密度〟ということを考えると、とてつもなく大きな差。〝一日の重さ〟ということを考えると、そうやって、後ろめたい一日を作ってしまうのは人生レベルの損失だ。それが、朝の身支度に費やす、わずかな時間の差だとしたらどうだろう。

それはずばり、〝朝ギリギリに起きて、大慌てで身繕《みづくろ》いする日〟と、〝ゆったりと丁寧に身繕いする日〟の差。単に〝かける時間〟の差だけじゃない。心のゆとりの差も、その日一日の美しさを大きく左右することを知っておく。つまり、心穏やかに作った自分は一日中、会う人の心も穏やかにするくらい美しいのに、大慌てでイライラしながら作った自分は一日中、会う人を不愉快にさせるかもしれないということなのだ。

だから、できれば20分早く起きる。いや10分でもいい、自分自身が心穏やかに身繕いできる時間の分だけ、早く起きて欲しい。人生をも変える〝小さな早起き〟のススメである。

How to age beautifully 81

声に〝気〟をこめると、全身に〝気〟がめぐる。不思議に、言葉まで整う

顔に刻まれたシワの有無よりも、若さの印象を左右するのが〝気〟。〝気〟は目に見えないけれど見えている。たとえば、ピンとした背すじに。目の力に。それは意気や生気や気概が体の中に行き渡った状態。でも、背すじより、目の力より〝気〟の力をストレートに伝えて、人を若々しく見せるのは、むしろ声かもしれない。声に力があること。声にハリがあり、潤いとなめらかさと透明感があることと……。

若いうちはいい。ハスキーでも、小声でも、声質が少し暗くても。でも肌に少しでも衰えを感じるようになったら、声を磨きたいのだ。確かに声の質は生まれ

つきのもの。でも〝気〟の量で声の音色は大きく変わってくる。〝気〟をこめれば、声は必ずハリと艶《つや》をもつ。逆を言えば、声に気をこめると、体じゅうにその気がめぐり、背すじにも目力にも〝気〟が見えるようになる。自ずと溌剌《はつらつ》としてしまう。さらに不思議なことに、声の質を整えると言葉づかいまで整う。すると女はそれだけで美しく見えるのだ。

歳を重ねるほど、声の美しさが美人の条件となるのもそのせいだろう。実際にブラインドテストで声の美しさだけを評価すると、不思議なことに〝見た目の美しさ〟の評価と一致する傾向にあるらしい。

とは言え、声の質は意識ひとつで変えられる。〝気〟の力だけで、ツヤツヤに輝ける。美人にもなれる。きちんとした女にも見える。だから心がけてほしい、声に気をこめること。ひと言ひと言、心をこめて声を出すことを。

How to age beautifully 82

〝下着と運動〟で体はくずれない。だから歳をとらない

体重は増えていないのに、太ったように見える……よく言われるようにそれはひとえに〝体型の衰え〟を示している。年齢とともに肉づきの位置が変わったサインなのだ。そして、こんな覚えはないだろうか？　今まで着ていた服が突然、似合わなくなる。服のへんなところにシワが寄るようになる……それもまた体型が変わってしまったサイン。肉の移動は思わぬところに、思わぬトラブルを持ちこむのだ。

顔のシワのようには日々確認できないものだけに、間接的に教えられる体型の衰えは、だから気づいた時にはかなり進んでいたりもする。おなかの肉が分厚く

なっていく自覚はあっても、ヒップやバストの肉づきが変わっていく自覚はあまりない。そして何となくの移動は、服を着ないとわからないものなのだ。だからそれは、年齢をもっとも切実に感じる瞬間。とは言え、太ったように見えるからとダイエットをしても意味がない。そこで考えつくのが、下着と運動なのだ。下着で体型を補整して、ゆるんだ筋肉を運動で少しでも引きしめる……。もちろんどちらもすぐに始めるべきだ。

逆に、〝体型がほとんど変わらない〟という人もいる。変わっていくのが宿命なのに、40代50代になっても3サイズが変わらない人、昔と同じ服が同じように着られる人が。〝肌年齢〟同様、プロポーションの衰え方にもとても大きな個人差があるものなのだ。じゃあ、変わった人と変わらない人の差は一体どこにあったのか？　じつはそれも〝下着と運動〟なのである。

〝運動〟はわかる。運動によってつくった適度な筋肉が、肉が下へ落ちていくのを防ぎ、体のラインがゆるむのを防いでくれるのは当然のこと。でももうひとつ、下着も重要なカギになっていることを知ってほしいのだ。自分の体に合った下着をきちんと選ぶことがいかに重要かを。

つまり下着の中で体が遊んでいたり、肉がハミ出したりすることが体型の老化を早めていたということなのである。だから気づいてからでも遅くない。筋肉をつけつつ、正しい下着で正しく体を包む……そしてあるべき位置と形をもう一度記憶させていく。もっと強くそういう意識を持つべきなのだ。

そして、見るからに美しい下着をつけることも、それ自体がアンチエイジング。女の体は裸の時よりも、下着をつけた時の方が、ちゃんと艶《なま》めかしい〝女の体〟となる。だから下着をつけた自分を鏡に映すたび、自信をくれる下着をつけたいのだ。見惚れるような下着を身につけるのも密かなアンチエイジングとなるのだから。

ともかく下着は、自分の体もまだ麗しく、まだこんなに女なんだと自分自身に思わせることができる唯一の手段と言ってもいい。だから、正しくて美しい下着を身につけているうちは大丈夫。ラインもくずれず、歳もとらない。体と心、両方からのアンチエイジングという意味で、下着は大きな力を持っていたのである。

How to age beautifully 83

大きな失敗をしても、
誰かに裏切られても、
立ち直れないほど辛いことがあっても、
こう思って欲しい。
「すべてのことに意味がある」
どんなに悪いことも、自分の人生には、
必要なことだったのだと。
なぜそんなことが起きたのか?
それはなるほど、このためだったのだと
後で納得できる日が来るのだと。
実際にそう。後で必ず腑《ふ》に落ちる。
謎が解けるように、
起こったことの理由がわかる。
すべては自分にとって、
かけがえのない経験であるのがわかるのだ。

How to age beautifully 84

〝自分の家のゴミは見えにくい〟こと、人を招く前に思い出す

こんな経験はないだろうか？　知り合いの家を訪ねたら、部屋の隅のホコリやパウダールームに落ちている髪がひどく気になった、みたいなこと……ホコリもわずか。髪はたった1本……許容範囲だと思う。にもかかわらず、強烈に目に焼き付いてしまうのは、他人の家のゴミは、3倍大きく見えるからなのだ。

それどころか、ホテルや旅館に泊まって、どこかにチリ1つ、髪1本でも見つけてしまったら、きっとまずショックを受け、怒りすら覚えるだろう。そこを選んだこと自体を後悔するはずだ。ホテルのゴミは、10倍大きく見えるから。

逆を言うなら、自分の家のゴミは見事に見えにくい。それなりに綺麗好きの人

でも、部屋の隅にホコリを見つけたり、髪を1、2本見つけたりしても、あ、お掃除しなきゃ、と思いつつも、他の雑用に追われる。やがてその景色を見慣れるのだ。自分の家のありさま自体も、たとえば引っ越したばかりの時は床や壁に小さなシミが付いているだけで嫌なのに、しばらくすると慣れてしまうように。

だから気をつけなければいけないのが、家に人を招く日。カーペットや壁の小さなシミも、初めての訪問者にはとても大きく見えることを覚悟しておくべき。ちなみに、初めて招いた時は緊張感を持って掃除ができても、同じ客の訪問が2回目3回目となると、緊張が緩み、やっぱりゴミが見えにくくなる。

家は、すなわち自分自身。家のゴミは、自分自身の汚れとさえ言える。ましてや家のゴミに見慣れてしまうと、それ自体が衰えになる。覚えておきたい。

How to age beautifully 85

顔よりも、もっと些細な〝カタチの変化〟に、年齢が出ることを知っておく

女の体はとても表情豊か。いや、だからこそ良い意味でも悪い意味でも、ちょっとした〝カタチの変化〟がその人のイメージを大きく変えてしまうことがあるのを、もっと強く自覚しておかなければ。

例えばヒザ頭に肉がついてきて凹凸が〝顔〟に見えたり、足首が少しでもムッチリしてくると、それだけで〝老けの印象〟につながるし、足首より下で起きること、たとえば靴を履いたときに足の甲の肉が少し盛り上がってしまうと、なんだかそれだけで5歳老けて見えるとか、かかとが扁平《へんぺい》に角ばって見えると、やっぱりそれだけで5歳老けて見えるとか……老け感って、体の小さな部位におけ

る、とっても瑣末《さまつ》なことに宿ってしまうことを知っておくべきなのだ。

ちなみに、ヒザ頭に顔ができたから、もう膝上のスカートは穿《は》かない、かかとが角ばってきたから、もうバックベルトの靴は履かない……みたいに、オシャレに消極的になっていくのは避けたいが、「知らぬが仏」もどうかと思う。やっぱり知っておきたい。体の部位の小さな変化に宿る老け感……。

いちばん大きな老け感は、下アゴに現れる。そう、顔より下アゴ。アゴ先から首の付け根を結んだ線の角度が90度をオーバーしてしまうと、たちまち5歳老けて見える。また腕のカタチもとても大事。二の腕のプルプルだけじゃない。ひじが尖っていないと、また手首からひじまでがまっすぐでないと、やっぱり5歳老けて見えるという具合に、腕は些細《ささい》な肉のカタチで年齢を問われるから、足よりも実は若さの鍵になるのだ。

年齢によるカタチの変化は無理からぬことだけれど、それをいちいち放っておくと、パーツごとの老け感が加算されていった結果、ドカンと衰えること、それだけは知っておきたいのだ。だから、体の隅々にまで神経を行き届かせて。

How to age beautifully 86

カッコイイか、カワイイか、50歳を過ぎたら、この二者択一が、老けない鍵

気づいていただろうか？　歳を重ねても光っている人って、みんなどちらか。カッコイイか、カワイイか？　言うまでもなく、萬田久子さんや夏木マリさんは、文句なくカッコイイ。松田聖子さんや小泉今日子さんは、見事にカワイイ……。

逆に言うなら、どちらかの形容詞を強く持っていないと、存在がくすんでいってしまう気がするのだ。もちろん〝上品〟であることは、どちらの場合も大前提に持っていてほしいが、存在をキラキラさせつつ老けない鍵は、やっぱりどちらかの個性美を輝かせること。中途半端だと、なんだか野暮ったく見えてしまう。

それが歳をとることなのかもしれない。

もっと若いうちは、カッコイイもカワイイも、自在に操ればよかった。でも、大人になるにつれ、体型や顔だちの印象がどちらかに大きく偏ってくる。いやもっと言えば、どちらかの印象を明快に持っている人ほど、老けないのだ。

大人の女は、そういう個性のベクトルを明快に持たないと、堂々たる風格を備えていくか、逆に貧相になっていくか、どちらにしてもあまりよろしくないベクトルが勝ってしまいがち。それが老けていく原因になっていると言ってもいい。そういうエイジングイメージを一気に払いのけてくれるのが、全く別の軸を持つカッコイイか、カワイイか、なのである。

肌や体が引き締まったイメージ、そしてカジュアルやモード系の服が似合うならカッコイイ。逆にぽっちゃりした、柔らかいイメージ、コンサバな服やスカートが似合うならカワイイ。おのずと方向性は決まっていく。60歳までには、どちらにするか決めてほしい。

いつまでも、若々しくオシャレな人として光り続ける、意外なコツである。

How to age beautifully 87

40歳を超えれば、全員が〝老眼〟になるからこそ、老眼鏡を使わないすすめ

私の母は80代だけれども、老眼鏡をほとんど使わない。使わずに新聞も本も読み、絵も描いている。本当に希《まれ》に眼鏡をかけているのは、針穴に糸を通す時だけ。先日は、眼鏡なしでも「通せるわよ」と言い出した。でもなぜ可能？　もともと眼鏡をかけなかったからである。

人並みに文字が見えにくくなった時、人並みに老眼鏡を作ってはいたと思うが、よく本を読んでいた母は、鼻のところまで眼鏡を下げて本を読むのを、格好悪いとでも思ったのだろう。やがてまったく使わなくなっていたという。確かに途中、40代後半からはかなりきつくなったはずだけれど、それでも眼鏡をかけず

に通したわけだ。すると、むしろ以前よりも見えるようになっていたとも言う。

かくして今、80代でも老眼鏡をほとんど使わない。だから私も同じように、使わずに通そうと決め、同じように今、ほとんど使わずに済ませている。

「人間は、潜在能力の90％以上を眠らせている」と言われるのは、まさにそういうことなのだろう。眼鏡に頼らずに必死で見ていたら、眠っている潜在能力が目を覚ましたということなのだ。

もちろん、すべての人に当てはまる話じゃなく、私たちにはたまたまそれが合っていただけ。無理に見ることがストレスになるのは否めないから、皆さんにおすすめできる話ではない。おすすめはできないけれど、物に頼らなければ、衰えずに済む機能というものが自分の中にいっぱいあることだけは知っておいてほしいのだ。

How to age beautifully 88

体重計に、いつ、どう乗るか。ストレスの溜まらない、〝心で量るダイエット〟のすすめ

ひとつの食材だけを食べ続けたり、〝炭水化物抜き〟のような偏食系ダイエットは、たとえ痩《や》せたとしても体に良いはずはなく、もともと長く続けられる方法ではない。〝食事〟で痩せたいならば、食べたカロリーを記録するのがいちばん健全なのだろうが、これも相当にマメでないと続かない。結局は、体重計に乗って体重をコントロールする古典的な方法が、いちばん現実的なのかもしれない。

確かに、毎日定時に体重計に乗れば、何をすれば太って、何をすれば痩せるか、法則が見えてくる。そして1キロ太ったら、1キロ分摂取カロリーと量を減らせばいいのだから、とてもまっとう。でも本当に痩せたい時は、あまり頻繁に

体重計に乗らない方が効果的、とも言われる。

　体重計ダイエットは気がつくと一日に何度も体重計に乗って、そのたびに100グラム単位の数字に一喜一憂してしまう。頭の中がそのことでいっぱいになり、食事がつまらなくなり、ストレスもたまる。体重計をもっと効率よく利用するなら、むしろ普段は乗らない。乗らずに〝目標体重〟を目指し、そろそろ減ったかなと思った日に乗ってみる。もちろん達成もあれば失敗もあるけれど、それがいいのだ。〝失敗〟すればさらに頑張れる。頑張ればまた、早く量ってみたいと思う。その気持ちが、じつはダイエットを前向きなものにするから、意外にストレスが溜まらず、キレイに痩せられるのだ。

　つまり食べたい時は食べてしまう。そして太ったと思っても体重は量らず、意識してカロリーを減らし、量る自信が戻るまで待つのだ。ドキドキするけど、だからワクワクもある。ちょっと楽しい。ましてや体重に対しての感覚が研ぎすまされる。体重計に支配されず、自分の心も使って行う、〝目標達成まで量らないダイエット〟。試してみてほしい。

How to
age beautifully
89

イザという時、ティッシュをさっと差し出せる女でいられること

小学生の頃、学校で〝持ち物検査〟があったのを覚えているだろうか？　いけないものを持ってきていないか？　ではなく、携帯すべきものをちゃんと持っているか？　たとえば〝ハンカチとティッシュ〟。

だからだろうか、大人になってからもハンカチとティッシュを忘れた日は、人としてなんだか後ろめたい。その携帯は、なんと言うか、〝きちんと生きていることの印〟として刷り込まれているからだが、それと同時に、女が女であるための最低限のマナーともなっているから、不携帯は女として失格。単純に、だらしのない女の代名詞ともなってしまっている。

で、それが思い切り露呈してしまうのが、一緒にいる誰かが食べ物や飲み物をこぼした時。そこにいる女子の誰が、いち早くティッシュを取り出すか？　そこで毎度、無言のバトルが軽く繰り広げられる。すかさずハンカチを取り出すのは少しあざといが、ティッシュを取り出すところまでは女の基本マナー。そこでティッシュがないと、話にならず、女の風上《かざかみ》にもおけない、だらしなく気のきかない女になり下がった気分になるはずなのだ。ティッシュのあの一袋を持っていないというだけで……。

もっと言えば、誰かがくしゃみを何回か繰り返したみたいな時に、いやらしくなくティッシュを差し出せるかどうかでは、尚《なお》さら女としてのセンスを問われるが、要はそういう他者に対する〝ティッシュがらみの行為〟が、さり気なくも美しく見える女になりたいのだ。

そのためにはまず、いつ如何なる時もティッシュを持っていなくては！「今日は風邪気味でティッシュを使い果たしちゃって」というエクスキューズがきかないのが、ティッシュ携帯のマナーであることも、肝《きも》に銘じたい。

How to age beautifully 90

月とともに生きていると、それだけで命がキレイになる。だから毎日、月を見上げる美容

女の生理周期は、言うまでもなく平均〝28日間〟である。肌が生まれ変わるサイクルも基本的に〝28日間〟。そして、月の満ち欠けも、またなぜだか同じ〝28日間〟。満月の夜は出産が多くなると昔からよく言われるのも、おそらく偶然ではない。

人の体には〝体内時計〟があって、日の出とともに起き、夜更けとともに眠ると細胞が若返ると考えられていたり、肌の新陳代謝が高まる夜10時から夜中の2時にきちんと睡眠ができていると、それだけでキレイになれると言われたりするのも、地球の営みが人間の生理に大きな影響を与えている動かぬ証拠なのであ

る。

だから、満月の時は〝集中的に取り去るケア〟を、新月の時は〝集中的に与えるケア〟を行うべきというのが、月の満ち欠けと呼応した〝美肌を育てるスキンケア〟メソッド。種まきから収穫までを月の満ち欠けに応じて行うと、農作物の品質が向上するとされるバイオダイナミクス研究が下敷きになった提案だ。それはまさに太陽と月によるエネルギーが、地球にいる命にも目に見えない力をもたらしているという教え。そこに身を任せると、女の体も〝理想のサイクル〟をなぞるようになると考えていいのかもしれない。

月の満ち欠けは絶対にブレない。絶対に狂わない。そんな月時計に導かれるように生きると、美肌以前に命が乱れない。いつも生き生きと生きられる。だから毎日、月を見上げてほしいのだ。できれば体じゅうで〝月光浴〟をしながら。月を見るとなんだか心が洗われる気がするはずだが、それも月の光を浴びることは心身を浄化することにほかならないから。月とともに生きると、命がキレイになるって本当なのだ。まずは月の力を信じてほしい。

黒は〝一生美人〟の色。だから女は生涯、3つの黒を着続けるべきである

〝80代になっても黒が似合う人ほど美人〟って、知っていただろうか。言いかえれば、幾つになっても〝美人〟という自覚を持ち続ける人ほど、黒という色にこだわるということなのかもしれない。

その年代年代で、黒の服の意味は違ってくる。もっと若い頃は、何も考えずに黒を着ていたはずだが、30代40代になると、黒は俄然《がぜん》〝便利な色〟になる。ちょっと贅肉《ぜいにく》が気になってきた時、あるいは何を着ていいかわからない時、何となくおめかししたふりをする時、黒という色をとても重宝《ちょうほう》に感じるはずなのだ。

ところがさらに年齢を重ねると、一転、黒は〝厄介な色〟になり、ぼんやり黒

を着たのでは〝ごまかし〟がきかなくなる。黒を着ると、むしろくすんで見えるようになる。黒が似合わなくなると言ってもいい。

つまりずっと黒にこだわり続けるのは、神経を行き届かせている証《あかし》。黒が映え続けるのは、幾つになろうと美人の証。だから歳を重ねたら、何となくではなく確信を持って、黒を着てほしい。３つの黒を３つの方向で着分けてほしいのだ。

黒をただの地味な〝暗い色〟にしないための３つの表現。それが可愛い黒とセクシーな黒、そして静かな黒なのだ。たとえば、スカートがふんわりふくらんだ黒のワンピースで可愛らしく。シンプルでミニマルな黒のパンツスタイルで、セクシーにクールに。そしてマットな黒にノーアクセサリーで、喪服的に物静かに……。どれも黒がいちばん映えるスタイルだが、長年黒を着こなしてきた人なら、きっとそういう境地に行きつくはずなのだ。本当の意味で黒を着こなすって、これら３つの黒を確実に着分けることだと。

いずれにせよ、歳を重ねるほど黒の着方にこだわってほしい。〝一生美人〟でいるための約束である。

〝立ち姿〟を意識するだけで、女は痩せる。例えばホームで電車を待つ数分間…

「立てば芍薬《しゃくやく》、座れば牡丹《ぼたん》、歩く姿は百合《ゆり》の花」……とはよく言ったもの。どんな瞬間のどんな佇《たたず》まいも美しくあってこそ、真に〝美しい人〟と言えるわけで、まさにその3つの〝姿美〟を、一つひとつちゃんと意識して形作ってほしいのだ。

そういう意味でいちばん忘れがちなのが、〝立ち姿〟への意識。〝立ち仕事〟の人の立ち姿は別として、日常生活の中で、ただ立っている状態はいちばん人から見られているのに、いちばん無頓着《むとんちゃく》になりがちなのだ。スーパーマーケットのレジを待つ時も、横断歩道で青信号を待つ時も、エレベーターを待つ時も、また駅のホームで電車を待つ時も、多くの人がなんだかぼんやり。〝立ち姿〟には神経が行き届いていない。〝歩き姿〟にはそれなりに神経を行き届かせる人も、〝立ち姿〟には不思議に魂が宿らないのだ。まさに魂の抜け殻みたいになってしまうのは、何故なのだろう。意外にも多くのシチュエーションで、多くの時間を使っている〝立ち姿〟。これを意識するだけで、女の体は明らかに改造されると言っていい。で、お手本としたいのは、もちろんバレリーナ。

まず〝第1ポジション〟と言われるのが、カカトとカカトをつけつつ、足先を開けて180度の角度を作ること。この角度を90度くらいにして、どちらかの足を前に少しずらすと、不自然に見えない。そうするだけで自ずと足がまっすぐ、背すじがピンと、お腹も引っ込んで、いきなり理想的な体型となる。

そして立ち姿でエクササイズするならば、お尻の穴にぐっと力を入れたり抜いたり……。誰にも気づかれず、レジや電車を待っている間じゅう、美しく見えて、美しくなれる。立ち止まるたびに、そうしないと気が済まなくなった頃には、なんだか体型が変わっている。人間の体って実はそこまで素直なのだって、それもまた感動的だ。

How to age beautifully 93

“誉められた日の自分”を忘れない。“誉められる理由”を必ず探し出して

人に誉められた日は一日じゅう気分がいいが、その大切な日をそれだけで終わらせてはいないだろうか？「その服、素敵」「その髪、似合う」そして「今日は格別にキレイ」。そんなふうに誉められた時、誉められたことを決して無駄にしてはいけない。なぜ誉められたか？何をどう誉められたのか？それを一つひとつ分析することを忘れてはいけないのだ。

「その服、どこの？」も、女にとっては誉め言葉。似合っているからオーラを放ったわけで、相手に一瞬でも同じ服を欲しいと思わせた分だけ、より濃厚に誉められたと考えてもいい。「どこの？」と聞かれた服もなぜそこまで自分に似合っ

たか、きちんと分析しておきたいのだ。

服の色のせい？　それともデザイン？　襟の形？　というふうに。髪を誉められた日も、いつもとの違いを探る。前髪のちょっとした違いだけで顔の印象は大きく変わるもの。ともかく誉められた理由を見逃さないで。「肌がキレイ」と誉められた時は、化粧品なのか食べ物なのか、〝ときめく出来事〟があったのか、決め手となる要因を突きとめよう。いや、ひょっとするとその日つけた口紅の色のおかげかもしれない。

特に大切なのは、「今日、キレイ」と全体を大きく誉められた時。決定的な理由を最後まで突きとめ、評価された理由を貯金していきたいのだ。そこにキレイは確実に積み上がっていくのだから。誉められた理由をどんどん自分のワードローブにして、繰り返し使うことで、体にそれを覚えさせていくのだ。

ちなみに、めったに誉められない、という人は自ら誰かを誉めるクセをつけること。必ずあなたに返ってくるから。

How to age beautifully 94

人にとって最大のストレス原因は〃人〃。だから〃許せる心〃を養うのもアンチエイジング

同じオフィスに、苦手な人がいる。同じサークルやコミュニティーに、意地悪な人がいる……。そういうふうに〃嫌いな人〃ができると、逆にまるで好きな人ができたように、その人のことで頭がいっぱいになってしまったりするもの。無視すればいいのに、無視できない。それどころか、すっかりその人の存在に囚《とら》われてしまう。ずっとまとわりつかれ、気がつくとある種の虜《とりこ》になっているのだ。

それは心身にもとても良くない状況。人にとって、いちばん大きなストレスになるのが〃人〃。特に、いつも顔を合わせる身近な人を心底嫌いになった時ほど激しいストレスにおそわれることもないはず。だからこう考えてほしいのだ。

まず、嫌な人と関わるなんて、一生のうちのほんのほんの一時期だけ。自分の人生も、相手の人生も、そして世の中も、全ては絶えず動いているのだから。とりあえず今この時期を耐え抜けば、必ず事態は変わるはず。そう信じることがまず大事。大らかな心を持つための最大のコツだ。

もちろん、相手の〝良いところ〟を見ようという寛大な心を持てれば、それに越したことはないけれど、そこまで悪い意味で相手の虜になってしまうとそれも無理。でももう一つ、とっておきの方法がある。困った人、迷惑な人、傷つくことを平気で言う人、高慢で身勝手な人……ともかくそういうタイプが身近にいたらこう考えてほしい。「この人、まだ若い魂で、人間をまだ1、2回しかやっていないのだ」と。

逆に、相手の心が読め、もちろん空気も読め、人に迷惑をかけない人って、要は人間のベテラン。もう数え切れないくらいたくさんの人間をやってきた、成熟した魂の持ち主なのだ。

であるならば、未熟な新しい魂を許してあげなきゃと寛大になれる。子供を許してあげるように、はるかに年上の上司だって許せるはずなのだ。そう、成熟した魂の持ち主は、子供の頃から達観している。自分の親の方が精神的に子供に思えるケースだってあるはずで、それこそ、親の方が人間の経験が少ない未熟な魂の持ち主だったりするからなのだと思う。そう思えば、親さえ許してあげられるはず。人を許すためのとても簡単な方法、覚えておくと、人生とても楽になる。

どちらにしても、人を嫌いになる、どうしようもなく嫌いになるって、とてつもないエネルギーを使うことであり、自分をすり減らすことなのだって、それだけは肝《きも》に銘じておきたい。

How to age beautifully 95

朝起きると、ワクワクする……
そういう人がいた。
いつも前向き。いつもにこやか。
そしていつも幸せそう。
そう思えるようになると、
人生本当に上手くいくのだと教えてくれた人。
朝、目覚めたときに何を思うのか、
これは人生のバロメーター。
少しでも憂鬱がよぎったら、
その原因を突きとめてみて。
朝がうれしくなるまで。
ちなみに、朝が憂鬱な人は、
夜もよく寝付けないから悪循環。
〝朝がうれしい〟は、最強の老けない理由。

How to age beautifully 96

上へ上へ、魂を持ちあげる。そういう〝つもり〟だけで心身の痛みが消える？

たとえばクタクタに疲れている日、重い足を引きずるように歩いていると、わざわざ憂鬱なことを思い出したりするもの。だから余計に体が重くなるという悪循環。筋肉にも、「病は気から」は起こりうるのだ。

ある日、歩き疲れて、膝からスネから足の裏までが痛い時、先にも紹介した〝モデル歩き〟、「頭のてっぺんから何かに引っぱり上げられているつもりで歩くと良い」と整体のプロに言われたのを不意に思い出し、試してみた。これは美しく歩く基本だし、痛みにもいいなんて、気休めに過ぎないと思いながら。でもこれは理屈ではない。実際にやってみないとその感覚、絶対にわからないが、本気で試すと驚くなかれ、本当にたちまち痛みが和らぎ、足がすっと軽くなったのだ。そんなはずはないのに、体重が10キロも軽くなったよう。感覚ひとつで体は切り替わる。それこそが気と体の関係なのである。

そして足の痛みも疲れも瞬時に引いた理由……それはおそらく、魂の在りかを下から上へと移動させるように、意識を下向きから上向きに変えたから。口角を上げると、それが作った笑顔でも、何だかスッと心が晴れやかになり、悩みもストレスも消えたように思えるはずで、これも同じ生理。歩く時も、人と話す時も、魂を上へ上へと持っていき、意識を上向きにする……それだけで身も心も軽やかになり、生命感に溢《あふ》れた表情になる。

逆に、くたびれたと思うと本当にくたびれる、心身の痛みがどこかしらからやって来る……そういうメカニズムが自分の中にもあることを知ってほしいのだ。こんなに簡単で、こんなにスピード感のあるアンチエイジングはないはずだから。気休めではない。「上へ上へ」で、本当に不思議なまでに、心身の痛みが消える。人の体の神秘である。

How to age beautifully 97

〝閉経〟を恐れない。「そこで女が終わる」なんて誰が言ったの？　女は生涯女!!

女が歳を重ねていく上で、大きなネックとなっているのはやはり〝閉経《へいけい》〟である。と言ってもそれは、〝女性ホルモンの分泌がガクンと低下するから〟、ではない。むしろ〝閉経〟を通り過ぎた人の多くが「特に大きな変化はなかった」「別に何も起こらなかった」と証言する。ここで言いたいのは、〝閉経〟という言葉が持っているイメージそのものが足かせとなり、衰えの大きな原因になっているということ。つまり〝生理〟がなくなってしまったら、もう女じゃない……みたいな言い方が大昔からあって、そういう〝言い伝え〟そのものに、若さを潰されてしまう人が少なくないということなのだ。

かつては〝40代〟という数字そのものが「私はもう若くない」と思い込むことによる衰えの原因になっていたわけで、言葉に若さを奪われてしまうことって、少なくないのだ。その証拠に、今の40代はめちゃくちゃ若い。同様に閉経後の女性たちも今、めちゃめちゃ若く美しい。むしろ〝女盛り〟？　と思うほど。閉経が与える女のイメージなんて〝迷信〟に他ならないのである。

実際、人間の体って本当に素晴らしい機能をいっぱい持っていて、女性ホルモンの分泌《ぶんぴつ》が低下したらしたで、他のホルモンがにわかに〝女性ホルモン〟の代用をしてくれるのだという。生命力そのものを高めるＤＨＥＡや、睡眠ホルモンとしても有名なメラトニンなどもそういう役割を果たしてくれると言われる。

ともかく生理周期の問題でホルモンバランスが乱れること自体がいろんな変調をもたらすわけで、〝閉経〟によってホルモンバランスが低度安定。逆にトラブルもなく、閉経したことに気づかないほど落ち込みがない上に、肌の調子などむしろ快調だったりする。〝閉経老化〟は、精神的なもの。そういうものに若さを潰されるほど、もったいない話はないのである。

How to age beautifully 98

女はやっぱり〝排卵期〟がいちばん美しいって、知っておく。それがいちばん愛される日だって

〝閉経《へいけい》〟によって、女性ホルモンの分泌《ぶんぴつ》が低下しても、その女性ホルモンの代わりをしてくれる別のホルモンが現れるという話をしたが、まさに女の体は神秘。他にも女性ホルモンにまつわる不思議な話はあって、たとえば〝排卵期《はいらんき》〟に起こる〝不思議〟は、その最たるもの……。

気づいていていただろうか？　女は〝排卵期〟に、肌ばかりか顔だちまで美しくなるという事実。逆に、生理前に肌あれしたり、ニキビやむくみが現れるのは知っていたはずだが、これは生理に向けて黄体ホルモンの分泌が高まるせい。それと反対に、〝排卵期〟には、卵胞ホルモンの分泌が高まるから肌の調子がとても良

くなることも、きっと気づいていたはずなのだ。

ただここには大きな個人差があって、そういう実感はあまりないという人も少なくないのだが、一方でこんな研究結果もある。アメリカの大学が発表したのは、まさに〝排卵期〟の女性は肌のみならず、顔だちまで美しく見えること。声や体臭まで美しくなり、プロポーションも女らしく魅力的に見えるというデータを発表しているのだ。面白いのは、この研究、女子学生の変化を男子学生が採点するという方法で行われたこと。つまりその日、女は男に愛される容姿になる。〝排卵期〟の美しさは、子孫を残すために神様が与えてくれたものなのだ。

たとえばこれは、孔雀が美しい羽を広げるのとよく似ている。この場合は雄が雌に対して存在をアピールするのだが、いずれにしても〝種の保存〟のための求愛、ディスプレー行為。人類の女性が〝排卵期〟に見違えるほど美しくなるのも、ひとつの求愛儀式なのかもしれない。だから、ひと月でいちばん美しい日は、何だか家にこもっていたらもったいない。少なくとも確実にモテる日。振り向かれる日。せっかくだから着飾って出かけたい。小鳥が美しい声で鳴くように。

How to age beautifully 99

雨の日も、心待ちにできる。そのために〝やり残したもの〟がある幸せ

休日はもちろん、晴れてほしい。専業主婦にとっても、家族の休日は晴れてほしい。これはもう理屈ぬき。予定があろうとなかろうと、ウイークデーには特に気にならない〝天気の良し悪し〟が、休日はそのまま気持ちの向きを決めてしまう。日差しがあると、単純に幸せを感じられるのだろう。

いや逆に、〝一緒に出かける人がいない〟と、休日の晴天をちょっと腹立たしく思ったりするのかもしれない。でもできれば、ひとりで過ごす人も休日の晴天は喜びたいから、散歩でも小さなバス旅行でも、自ら何かを企画してほしい。休日の日差しを腹立たしく思うのは、やっぱり不健康だから……。

じゃあ、雨の休日はどうしよう。せっかくの休日が雨だった時の、下向きの心をどうしよう。だから提案したいのは、雨の日のためにわざわざ〝やるべきこと〟をやり残しておくすすめ。

たとえば、クローゼットの整理……晴れの休日に思い立ったとしても、あえてやらない。残しておく。晴れの日にやってしまうのはもったいないから。雨の日を悶々《もんもん》と過ごすのがもったいないから。ちゃんとやり残しておけば、やり残したことが気になっている分だけ、休日に雨が降るとヤッターと嬉しくなるはず。

ともかく、晴れの日は思い切り遊ぶ。やるべきことを放っぽり出して。それが雨の日を楽しみにする決定的なコツ。晴れの休日も、雨の休日も両方楽しみにできる人でいたいから。

ちなみに、雨のウイークデーを楽しみにするためには、キュートな長靴を買うこと。そうやって、どんな日も楽しみにできるように、自らを持っていく。そういう生き方ができる人は、３６５日毎日イキイキしているはず。だから美しい人。

How to age beautifully 100

内面を磨くって何をすること？ だからたとえば〝絵を見てキレイになる〟方法

鏡の前だけでキレイは作れない。内面からも自分を磨くことこそが大切と、女はずっと言われ続けてきた。でも〝内面を磨く〟って何をどうすることなのか、そこは未《いま》だ曖昧なまま。たとえば、ということでよく提案されるのが、〝絵を見に行くこと〟だったりするわけで、確かに有名な絵画展はつねに盛況。それこそ〝自分磨き〟のために美術館に足を運ぶ人も少なくないのだろう。事実、〝いい絵を見る〟ことは、もっとも知的な視覚美容と言える。方法は間違っていないのだ。

でも、絵画の前をただゆっくり通り過ぎて、ひと通り〝見るだけ〟で安心してしまってはいないだろうか。もちろん一瞬でも感動できて、何かがこみ上げてくれば、それだけで〝効果〟はあったと考えていいが、その一瞬の感動を得るのはコンサートほど簡単ではない。絵画鑑賞は感性を一枚一枚の絵に集中させないと、見ただけ、行っただけになってしまいがち。

ある人は、美術館に行ったら毎回1〜2枚、最多でも3枚の絵をその中から選ぶべきと言う。好きな絵、ひっかかる絵、時には拒否反応を覚えた絵……どんな理由でもいいから1〜2枚。

選んだら、絵の背景を調べてほしい。画家はなぜそれを描いたのか。自分はなぜその絵に惹かれたのか。その二つを突きつめてほしい。画家の人生を知れば、どうしてその人がそれを描いたのか想像しやすいはず。ましてや今はネットをのぞけばそういう情報がけっこう潜んでいる。何かを掴むと必ずもう一度、その絵に会いたくなる。必ずもう一度見に行くことになるだろう。そこで初めて、本当の感動がこみ上げてくるはずで、そんなかけがえのない出会いを果たすことが、真の自分磨き。内面磨き。そういう一枚が増えていくほどに、いつの間にか内側からにじみ出てくる美しさこそ本物。これぞ大人の内面美容である。

How to age beautifully 101

電話は、いつもの2倍感じよく、いつもの2倍美しい声で

電話に出る時だけ、声が1オクターブ高くなる母親を、子供たちが笑う……よくある場面だ。相手が家族だとわかると、たちまち1オクターブ下がって、ぞんざいな声になるのは確かに滑稽《こっけい》だけれども、アンチエイジングにおいては、声色《こわいろ》を装うのも重要なメソッドの一つになるという話をしよう。

少なくとも家電《いえでん》の使用率が激減して、相手が不明の電話を気取ってとる機会もめっきり減ったからこそ、1オクターブ高い「もしもし○○でございます」の効用を改めて見直すべき時なのではないかと思うから。

まず単純に、電話ではいつもの2倍、感じよくするべき。それは、言うまでも

なく表情を見せられない分、声と口調で笑顔を作らなきゃいけないからだが、電話を通すと普通の口調も冷たく聞こえることを考慮しなければいけない。そして声自体も、普段のままの声だとそれだけで乱暴に聞こえてしまいがちだから、良い印象を与えたいなら、努めて美しい声を出すべきだ。

だいたいが、意識して美しい声を出そうという場面は、もはやそうそうないから、電話に出る時くらい、意図的に声を美しく着飾ってもいい気がするのだ。

つまり相手にどう伝わるか？　ということ以前に、そうやって意識して感じよく丁寧に声を出すことは、自らの印象のメイクアップになるから大切なのだ。いつもすっぴん声のままだと、キレイの向上がないのと一緒、言葉遣いと声で何割かが決まる印象美の向上も望めない。

言葉遣いが美しい人は、いくつになっても美人の印象を持ち続けるし、声が美しい人はいくつになっても若く見える。2倍感じよく2倍美しく……そういうつもりになるだけでもいい。電話でアンチエイジングとはそういうこと。言葉と声にもメイクアップを。

How to age beautifully 102

食べすぎなければ歳をとらない。それは、命を洗うダイエット――

食べすぎなければ痩《や》せる……分かりきっていることなのに実践できない。大人たちにとっては最大のジレンマだ。でもある事実を知って、〝腹八分目〟を今更ながら強く決意した。

それは、食べたいだけ食べている猿と、腹八分目に食事を制限された同じ歳の猿の観察結果。健康状態に大きな違いが出るのは誰でも予測がつくことだが、研究者を驚かせたのは、むしろ2匹の〝見た目の違い〟だったという。猿にも若く見える猿と老けて見える猿がいるようで、毛艶や顔の皮膚の色、面立ちの違いなど〝見た目の印象年齢〟は若者と老人ほどの差があったのである。

何となく、そういうものかなと思っていても、そこまで明らかな違いが目に見えるとなると、かなりの衝撃。〝食べなきゃ痩せる〟以上の説得力をもってしまう。食べすぎなければ、歳をとらない。あらためてそう気づいた時、何だか目が覚めるような想いがした。

無理なダイエットやそれによる精神的ストレスが、エイジングを早めている可能性もあるわけで、特別なダイエットをする必要がなくなれば、腹八分目は間接的にも人をアンチエイジングしてくれる。血液もサラサラになりそうだし、さまざまに浄化されそう。そのあまりに身近な方法は、美しく歳を重ねる究極のコツと気づいたのである。

それでも腹八分目は難しく、ご飯茶碗を小ぶりのものに替えたりしてみた。おそらくはそのお茶碗を〝なんて小さいの？〟と思わなくなった頃、きっと体の中で何かが変わるのだろう。結果として、〝命をキレイにして、寿命をのばすダイエット〟、そう思うと始めやすいはずである。

How to age beautifully 103

少し〝大きめ〟を所有して身の丈を合わせていく。それが自分を進化させる

たとえば家を買う時、当然のことながらそこには2つの選択肢がある。今の自分に買える〝身の丈に合った大きさの家〟を買うか、多少無理してでも〝少し背伸びをした大きさの家〟を買うか。誰もがまずその二者択一を迫られる。〝身の丈〟か、〝背伸び〟か、どちらにも苦しみがともない、一生ついてくる選択だから、人生における「究極の選択」には違いないのだ。

もちろん、お金に関わる問題だけに無責任なことは言えないが、思い切って言ってしまうなら、家は少し背伸びしてでも〝大きさ〟を諦めたくない。あとで後悔しても、サイズの小ささばかりは取り返しがつかないから。そして「天井の高

い家は〝大物〟を育てる」という名言があるが、やっぱり住む家が人の意識を左右するのは間違いなく、であるならば、今の自分のサイズにあえて合わせない家づくりを。それがきっと自分の進化につながるから。〝身の丈〟に合わせたら小さくまとまる未来が、〝背伸び〟の分だけ知らず知らず大きく広がっていく。だからたちまち無理を無理と感じなくなるはずなのだ。

ジュエリーのような〝一生もの〟も同様に、少し背伸びしたい。今の自分に合わせると数年後、キャリアを積んだ時にもう違和感を覚え、逆に買ったことを後悔するだろう。うっかりすると自分を小さくまとめてしまうことになりかねない。

家やジュエリーは、むしろ自分がどういうスケールになっていたいかを、自分自身に日々見せるものだからこそ、今の自分より〝大きめ〟を所有することが生きるためのカギなのだ。自分を頑張らせて進化させるか、諦めて諦めて小さくまとめるか、人生はいつもその二者択一なのだから。

How to age beautifully 104

人生のオプション、〝年中行事〟の多い女は、不思議と歳をとらない

若いうちは「一日が短くて一年が長い」のに、歳をとると「一日が長くて一年が短くなる」、とはよく言われること。逆に言えば、〝今日が昨日と同じ日〟に思え、一年を短く感じるようになったら、それ自体がひとつの老化。だからいかに変化に富んだ毎日にするか、それも立派なアンチエイジングなのだ。

そこであらためて思い出したいのが、年中行事。もともとは神をまつったり、豊作や無病息災を祈るための儀礼だったが、現代においては、やってもやらなくても、という人生のオプションという位置づけになったからこそ、かえって日々を濃密なものにしてくれるのではないかと考えてみたのだ。

近年、この年中行事をにぎにぎしくやり直そうという気運が高まっているのは、ある種の健康志向とスピリチュアルが融合した形だからだろうが、どんな目的であれ、そういうことをきちんとこなすと不思議に人間、生き生きするもの。そしてもちろん、家族の絆もたちまち深まるし、仲間を呼べば非日常性が尚《なお》さら高まって、昨日とは違う日がいっぱい生まれる。ひょっとすると誰かの誕生日以上に、全員をくまなく楽しませることができるのかもしれない。

桃の節句に桃の花を飾り、七夕に笹を用意し、十五夜にお月見する、もっと単純に正月7日に七草《ななくさ》がゆを、土用《どよう》の丑《うし》の日にウナギを、それこそ節分に恵方巻《えほうま》きを食べること、そういうことを大事にするだけで毎月何かと忙しく、何だか日々にハリが出てしまう。ましてや食べることに祈りを託すと、人はそれだけで幸せに満たされる。宮中《きゅうちゅう》に始まる年中行事も、人々が身も心も平板にならないように導く、昔の人の知恵だったのだろうから。人生は〝楽しいことのために何かと忙しい〟のが理想。一カ月が長く、一年も長くなれば、年中行事をきちんとやる人ほど、歳をとらなくなる。これも若々しく生きるコツである。

How to
age beautifully

105

街で見惚れるのは、白髪の70代女性…。そういう人が、美しく歳をとる

どんな人にどう憧れるか？　街で見かけて見惚れるのは、どんな女性であるのか？　これは意外に大切な要素。そもそも憧れには2種類あって、とてもシンプルに他者を評価して、ひとつの理想形として憧れるのは、他者の素晴らしさや美しさを素直に認める謙虚な心を物語るが、憧れが度を越して、自分が〝その人になろう〟とするのは、自分自身を見失ったり、いたずらに自分を否定しかねないから、あまりよい憧れ方とは言えないのかもしれない。

憧れはあくまで憧れのレベルにとどめておく方が、自分自身にとってもよい作用をもたらすと考えていい。憧れは、自分自身の理想とするものが一体どこにあ

るのかを自分に知らしめ、ひとつの目標を設定するためにはとてもよい基準になることを、覚えていてほしいのだ。

そういう意味では、もちろん誰に憧れてもかまわないのだけれど、ある人は言った。街で見かけて見惚れてしまうのはいつも決まって、白髪が美しい上品でシックなひと、だからそれはいつも70代80代かもしれない年齢のひと。なぜかしらと……。でもその時、そういう女性に憧れる、その人自身がステキと思った。

そう言った人は、着たいものは何でも着てしまう、言ってみれば〝派手で元気で個性的な女性〟。その延長線上に〝憧れの白髪女性〟はいない気がするが、それだけにいつかはそういうふうに歳をとっていきたいのだろうと思うと、そのギャップがかえって彼女の奥ゆきに見え、素晴らしいと感じたのだ。ましてや、70代80代の成熟を尊いと思える心、それ自体もステキに思えた。

今の自分とはかけ離れているけれど、正しい理想形に憧れる人は正しい。優れた美意識と、歳をとることへのまっとうな価値観をもっているに違いないから、そういう人ほどきっと美しく歳を重ねていくはず。

How to age beautifully 106

〝ひらめき〟こそ幸せの始まり。「思い立ったが吉日」を実行しないとアダになる

何もしない、誰とも会わない、〝無の時間〟は心身のリセットのためにはとても大事。でもそれを〝退屈〟と思うようになると、まったくの逆効果。

そこで退屈に気づいたら、すぐに何か思い立ってほしい。〝あれをやろう〟、〝これをやらなきゃ〟と思い立つのだ。「思い立ったが吉日」といういい諺《ことわざ》がある。説明するまでもなく、あることをやろうと思い立ったら、その日を吉日として、すぐ着手するのが良い……という意味だけれど、そこには2つの教えが隠されている。ともかく、すぐやるのがいいという教え。思い立つことそれ自体が吉という教え。〝何も思い立たない人の人生〟はつまらない。退屈すぎる。

そうだ、ハーブを育てようと思い立つ。あ、もう公開しているからあの映画観に行かなきゃと思い立つ。そうだ、同窓会をしよう、と思い立つ。あるいはもっとライトな楽しい企画を自ら思い立って、仲間にメールする。ねぇねぇ、私、思い立っちゃったんだけど、今度みんなで北海道にカニを食べに行かない？と。実に他愛のないことでも、思い立つって素敵なこと。人生でいちばん大切なことの一つに入るかもしれないほど。

ただ思い立つばかりで、実行にうつさないと、一向に人生は豊かにならない。だからここで「思い立ったが吉日」を心に刻みつけること。でないと、それこそまた「いつか」が増えてしまうだけ。思いついたその日のうちに始めないと、何も始まらないんだって思い知ろう。今日着手してこそ、一つひとつが形になって人生が豊かになる。思い立つだけだと、退屈とはまた別の欲求不満のストレスに苛まれることになるから気をつけて。

大人にとっての〝ひらめき〟は、幸せの始まりなのである。

How to age beautifully 107

たとえば、髪を自分で切る。自分で切れる自信が若さを呼び込む

今の若い世代に〝手芸〟的なものが流行《はや》っているのは、単なる趣味ではなく、人と同じものを身につけたくないこだわりからであるという。安い服を買って、自分でデコレーションして、オリジナルの服にする、合理的でありながら贅沢な習慣が生まれていたのだ。

同様に、ケーキを自分で焼き、いっそ野菜も自分の手で育ててしまう……言うまでもなくそれが今、日常におけるいちばんの贅沢という時代。モノが溢《あふ》れている世の中だから、わざわざ手間と時間をかけてみる〝自分の手で作ること〟の意味と意義がハッキリ変わったのである。

ちょっと意味は違うけれど、ずいぶん前から髪を自分で切っている。きっかけはヘアサロンに行く時間がなかなか取れず、伸び切ってしまった髪に少々イラついたから。

もちろん髪を切る心得などあるはずもなく、ただ短くするだけ。ほとんど衝動的にやってしまったのが始まりだった。ただショートヘアでは到底格好《かっこう》がつかないが、ロングヘアならばごまかしはいくらでもきく。カットしてからしばらくは毛先のバラつきをごまかすためにともかく髪を巻かなければならないが、いい感じに伸びてきてやがて自然に馴染《なじ》んでくれれば、ストレートヘアにするのも可能。

一日がかりの美容室通いは、どうしても損をした気分にさせられる上に、誰かと同じ髪型になってしまう後ろめたさみたいなものがいつもあったから、自分で髪を切ること、切れることは、ある種の大きな快感になったのだ。もちろん逆に、プロの手で肌を磨いてもらう喜びや、他者に髪を触られる〝癒やし〟にも似た快感はかけがえのないもの。けれど自分の手でキレイになれる感動も、また別の意味で格別なものなのだ。

昨今のマッサージブームも、自分の手でリンパマッサージまでできることに気づき、自分の手でむくみのないすっきりした小顔を作れる喜びがもたらしたもの。自分の手でキレイになれるという自信は、年を重ねるほどに〝減っていく自信の量〟をはるかに上まわり、大人に新たな勇気と若さを注ぎ込んでくれる。

老化を感じると人はただ途方に暮れるが、自分の手でそれに抵抗できると思った瞬間、思いがけないエネルギーが湧くものなのだ。〝自給自足〟が人間の生命力の証《あかし》であるのと同じ。イザとなれば自分でキレイになれる自信は、そのまま生命力に変わるのである。いくつになっても美しく輝いているための。

How to age beautifully 108

人はなぜ美しくなければいけないか。
知っているだろうか?
もちろん一つには、
〝自分に自信を与えるため〟。
でも、実はもっと大切かもしれない理由が
あることを知って欲しい。

それは、人にとって心地よい存在となること。
人が花を飾るのは、心地よいから。
人が美しい景色を見に行くのも心地よいから。
美しい人がそばにいると、心地よいから嬉しいのだ。
自分が美しくあることは、
家族や身近な人、ひいては世の中を
心地よくし、幸せにすることに他ならない。

だから景色のように花のように、
美しくありたいのである。

わたしが続ける心と身体、

一生モノのケア習慣 18

Skin Care

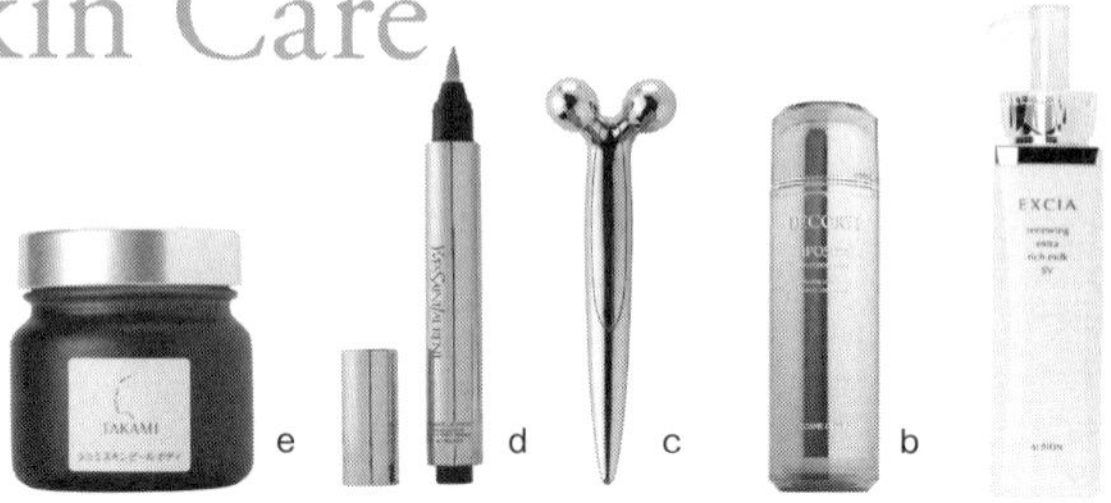

a. エクシア AL リニューイング エクストラリッチミルク SV
（アルビオン）

自分のケアの基本は、洗顔後〝いきなりの乳液〟

言うまでもないけれど、一般的には、洗顔後「化粧水の次に乳液」というのが不動のお手入れステップ。それを創業以来、洗顔後「まずは乳液、次に化粧水」という主張をずっと貫いてきたのがアルビオン。そのほうが絶対に肌がきれいになるからと。事実、そのほうが肌が膨らむ。つまり透明感も、きめ細かさも、ハリも出る仕上がり。だから結果、私もそれをずっと貫いている。

b. リポソーム トリートメントリキッド
（コスメデコルテ）

1回分の化粧水に数兆個のリポソーム?!

20年以上ロングセラーを続ける超名品、モイスチュアリポソームの〝化粧水版〟として、いま一番注目を集めているこの1本。「リポソーム」とは有効成分を入れて運ぶカプセルのこと。細胞よりもずっと小さいサイズで、しかも1回で数兆個のリポソームが肌に入るのだ。だから本当に1回で肌が変わる。

c. リファエスカラット（MTG）

2つのローラーで、〝つまみ流し〟できる天才

いわゆる〝コロコロ〟と呼ばれる、肌の上を転がす美容機器が一大ブームになったのは、記憶に新しいけれど、中でもこのリファシリーズは最高傑作として大ヒットした。2つのローラーが肌を巧みにつかんで〝つまみ流す〟画期的なもの。これはそのミニサイズ版で、目の周りも自在にやさしくつまみ流し、集中的なケアが可能。素晴らしい名品は、自分にとって既に一生もの。

d. ラディアント タッチ
（イヴ・サンローラン）

言わずと知れたハイライトの絶対名品

ともかく類似品が出ても出ても、このオリジナルには決してかなわない。クマやくすみをとことん自然にカバーしてしまう不思議なハイライターはカバー処方のバランスが絶妙なのだろう。一度使うと、ちょっと他のものが使えなくなるほどの素晴らしさ。すでに20年以上ロングセラーを続ける伝説的な逸品は、たぶん一生使い続けることになるだろう。

e. タカミスキンピールボディ
（タカミ）

二の腕や、ふくらはぎのぶつぶつ一掃!

無理やりではなく、あくまで優しく優しく不要な角質を取り除き、本当にいつの間にかつるつるすべすべのトラブルのない肌に仕上げていくことで、ベストセラーとなった。皮膚の治療で、「これしかない」という濃度の自宅用角質ケアが完成した。これはそのボディー版。二の腕、ふくらはぎ、ヒップなどのザラザラが、気がつけばつるつる。

Feminine

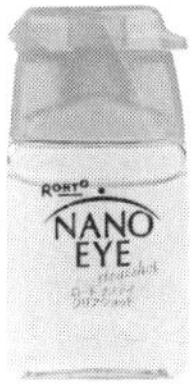

g

f

10センチヒール

**歩行が大変でも
それを上回るパワーがある**

ハイヒールは、13センチもありという、ものすごい高さになってきたが、一般的にはやはり10センチが限度。そういう意味で、真新しい10センチヒールを、なんとなく常備しておくようになっている。歩くためではなく、よそ行きのための靴として。じつはハイヒールを履くことそれ自体が、女性ホルモンの分泌を高めるとも言われるので、ぜひ一生。

g.ロートナノアイ クリアショット（ロート製薬）

**目薬フェチにとっても、
感動の革命的一滴**

目薬が落ちる穴を細工して、一滴の落ちる量をコントロール。目に入った途端、液体がふわっと周りに広がっていくような感覚に加え、目の外にこぼれ落ちることなく、その一滴が見事に瞳を潤し、究極の気持ちよさをもたらしてくれる。最初に使ったときは本当に驚いた。やがて、どうしても手放せない目薬に。充血用のほか、疲れ目用もあり。

リングのイヤリング

**20代の頃から
つけ続けているリセットの鍵**

なんだか、イヤリングをつけるといきなり女にリセットできるような気がして、出かけるときは必ず。どんな服にも合うリングタイプのシンプルなイヤリング、あるいは大きな真珠の1粒イヤリング、何メートル先からもよく見える大ぶりのドロップタイプ、いろいろ取り揃えて。顔が小さく見える目の錯覚効果もそれなりに期待できるはず。

f.ココ マドモアゼル（シャネル）

**つけるたびに、人に
誉められる究極の香り**

香りは、やはり人に誉められることを基準に選びたいと思っている。そういう意味で、過去に使った香りの中で最もたくさん人に誉められたのが、このココ マドモアゼルだった。タクシーの運転手さんにさえ。人としての印象が柔らかくなるような優しさを放ち、自分自身も癒やされて、周りも幸せにする、そういう意味でも究極だ。

映画三昧

**映画がとにかく好き。
「ながら仕事」も得意**

唯一の特技は、映画を見ながら仕事ができること。原稿まで書いてしまう。字幕スーパーを見るのは無理だが、なんとなくストーリーが追えるだけでも快感。不真面目でごめんなさい。でもそのぐらい、見始めると止まらなくなるほど映画が好き。常に一番心に残るのは実話もの。ケイト・ブランシェットと、スカーレット・ヨハンソンが好き。

j　　i　　h

j. コムハネー

巣ごといただく濃厚蜂蜜

コムハネーとは、ミツバチが巣房にハチミツをためた巣をそのままいただく、とれたて蜂蜜の決定版。蜜蝋のふたで包まれているので、栄養分がたっぷり。甘さも自然で、これを知ると普通の蜂蜜が物足りなくなる。紅茶を飲むときに、これをスプーンにのせて舐めながら。お茶に溶かすと栄養分が損なわれるので、舐めては飲み、舐めては飲みがコツ。（「西村はちみつ&アメリア」で販売）

リンゴとトマト

**リンゴ医者いらず、
トマト化粧品いらず**

ヨーロッパでは、通勤時にリンゴを丸かじりしながら歩いている女性を、とてもよく見かける。「リンゴ医者いらず」と言われるほど、1日1個のリンゴは、血液サラサラ、腸もきれいにするなど、健康の元なのだ。そしてトマトはトマトで、体にいいのはもちろん、抗酸化作用から美白効果、ダイエット効果まであるとか。どちらも大好物で、毎日せっせと食べている。

i.「密 - hisoca - 」（大正製薬）とヨーグルト

**ようやく見つけた、
私の〝整腸〟黄金コンビ**

長い間かけて見つけた、確実に便秘を防いでくれる黄金コンビが、「密」とヨーグルトの組み合わせ。「密」とは、大正製薬が作った美容サポート濃縮飲料で、東洋と西洋のハーブ十数種類をブレンドしたもの。好み別に種類を選べるが、〝お通じ〟のためにはどれでもオーケー。ヨーグルトを合わせると本当においしい。自分にとってはこれがベストの整腸剤。

h. ウィルキンソン タンサン（アサヒ飲料）

**きつめの炭酸水は
最高においしい水！**

私は水が苦手。どんなミネラルウォーターもおいしいと思えない。たくさん飲めない。だからいつも基本そばに置いておくのは炭酸水。食事前に飲むと、ナチュラルなダイエットにもなるはずだし。中でも一番炭酸がきつめのウィルキンソンは水の清々しさを一口飲むたび感じられ、とりわけ満足感の高い炭酸。これでカロリーゼロ?糖質ゼロ?　みたいな。

Relaxing

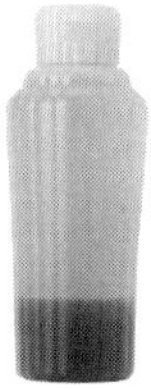

l

k

l. メディテーションバス α（アユーラ ラボラトリーズ）

入浴剤、白濁の香り高きお湯がたまらない

お風呂に入るときは必ず何かしら入浴剤を使うのが習慣になっていて、1つに決めずに年じゅう入浴剤を変えることが、お風呂をより楽しい時間にするコツ。今日は何にしようと考えるのは食事のメニューを選ぶよう。しかし、絶対常備しておくのがこのメディテーションバス。白濁の柔らかいお湯と透き通るような香りがたまらない。切らしてしまうのが怖いくらい、好き。

チェロ

心が乱れてくると楽器を弾く、それも癒やし

なんとなくいつも楽器をそばに置いておいて、気持ちが乱れてイライラしてくると、おもむろに弾き始める、それも自分にとっては1つの癒やし。そういう意味で一番効果的なのがチェロだと思う。もちろん練習不足で間違えてばかりだとストレスが溜まる諸刃の剣。でも、自分で美しいメロディーを奏でるのは、本当に贅沢なリラクゼーションになるはず。

海と空

週に1回は遮るもののない海と空を見る

歳を重ねるほどに、自然を深く求めるようになった。週に1回は遮るものがない広い海と空を見ないと、なんだかストレスが首元まで上がってくるような気がしてしまう。とりわけ、週に1回は絶対見たいのが、息をのむような夕日の美しさ。だから仕事を抱えてまで海に出かけていく。これはもう体質。理屈抜きの圧倒的リラクゼーション。

k. アックア・ディ・サンタ・マリア・ノヴェッラ
リキュール・メディーチェオ
リキュール・ローザ
（サンタ・マリア・ノヴェッラ）

17世紀のレシピが何とも有り難いハーブウォーター

サンタ・マリア・ノヴェッラは、イタリア・フィレンツェに生まれ、800年もの歴史を持つ世界最古の薬局。「アックア」は17世紀のレシピを基に作られたもので、ハーブエッセンスが凝縮された〝飲むハーブ水〟と呼ばれる水。そして、同じように歴史あるレシピを基に薬草とともに作られたリキュールたち。今の日本で言えば、養命酒？　その一滴一滴が有り難く体にいい、生薬の雫。意外においしく、くせになる。

写真：岸本 絢（朝日新聞出版写真部）

あとがき

すでに5年以上にわたり、朝日新聞の「ボンマルシェ」において、「美しい歳の重ね方」というコラムを連載させて頂いてきた。

美しく歳を重ねる……言うまでもなく「歳をとる」という直接的な表現の代わりに、かなり昔から使われてきた言葉。女性たちは随分とそのやわらかい表現に助けられてきたけれど、一方で、美しく歳を重ねるってそもそもどういうことなのか？　明快な答えは、出せていなかった気がする。

もちろん今どき、若返りの方法など山ほどあって、美しいまま歳をとることは少しも難しくなくなった。でも何かもっと決定的な答えが必要なのではないかと思っていたのだ。

そしていつしかそれは、〝気づくこと〟なのではないかという確信に繋がっていく。つまり、〝不自然な若さならいらない〟と気づくこと。「若い」ではなく

「素敵」と誉められたいと気づくこと。そして〝本当の美しさって何か〟に気づくこと。もっと言えば、〝人生において一番大切なものとは何なのか？〟、それに気づくのが、すなわち正しく歳を重ねることであり、一生美しさを朽ちさせることなく、魅力的でいつづけることではないかと……。

いわゆる〝美容〟には、大きな落とし穴がある。情報があればあるほど、人はモノを考えなくなるという……。美しくなる方法も自分では何ら気づけなくなるという……。それでは、方法をいくらたくさん知っても、魅力までは深めていけない。だから、〝美容〟よりも〝気づく〟こと。だから、〝お金のかからない、気づくだけのアンチエイジング〟なのである。そういう一念で書いたコラムを、1冊にまとめることで、私自身、生きる上でのとても重要なことに気づけた気がしている。

最後に、今回の出版に際して、多大なご尽力をいただいた、朝日新聞出版の内山美加子様、そしてまた朝日新聞「ボンマルシェ」の編集長、岡本くみこ様に、この場を借り、心からの御礼を申し上げたいと思います。

本書は、朝日新聞「ボンマルシェ」の連載「美しい歳の重ね方」
（2010年8月〜2015年8月）に、大幅に加筆・修正したものです。

齋藤 薫
（さいとう・かおる）

美容ジャーナリスト／エッセイスト。女性誌編集者を経て現在、
女性誌やネット媒体などに多数の連載エッセーをもつ。
そのほか美容記事の企画、化粧品開発アドバイザーを務めるなど
幅広く活躍中。エッセーでは時代のファッションカルチャーを
切り取る鋭い視線と切れ味のよい文章が、
「気持ちを前向きにさせてくれる」と多くの読者の支持を集めている。
代表作『されど“服”で人生は変わる』
『あなたには“躾”があるか?』をはじめ、著書多数。

“一《いっ》生《しょう》美《び》人《じん》”力《りょく》
人生《じんせい》の質《しつ》が高《たか》まる108の気《き》づき

2015年11月30日　第1刷発行

著者　齋藤 薫
発行者　首藤由之
発行所　朝日新聞出版
〒104-8011　東京都中央区築地5-3-2
電話　03-5541-8832（編集）
03-5540-7793（販売）
印刷製本　凸版印刷株式会社

ISBN978-4-02-251319-9
定価はカバーに表示してあります。
落丁・乱丁の場合は弊社業務部
（電話03-5540-7800）へご連絡ください。
送料弊社負担にてお取り替えいたします。